**당연한게
당연하지 않습니다**

당연한 게 당연하지 않습니다

지은이 패스파인더넷
펴낸이 임상진
펴낸곳 (주)넥서스

초판 1쇄 발행 2019년 10월 25일
초판 2쇄 발행 2019년 10월 30일

2판 1쇄 발행 2020년 3월 16일
2판 7쇄 발행 2024년 8월 20일

출판신고 1992년 4월 3일 제311-2002-2호
주소 10880 경기도 파주시 지목로 5 (신촌동)
전화 (02)330-5500 팩스 (02)330-5555

ISBN 979-11-6165-925-1 03320

www.nexusbook.com

사무실 사이코 대응 매뉴얼

당연한 게
당연하지 않습니다

패스파인더넷 지음

넥서스BIZ

사람이 싫으면 답이 없다

최근 직장인들 사이에서 가장 많이 회자되는 단어가 '이직' 혹은 '퇴사'일 것입니다. 한 설문 조사의 결과에 따르면 직장인 70%가 '기회만 되면 즉시 이직하겠다'는 대답을 했다고 합니다. 또한 신입사원들의 1/3이 첫 입사 후 1년 내에 회사를 떠난다는 통계도 나왔고, 심지어 '퇴사하기 위해 입사한다'는 우스갯소리까지 있다고 하니까요.

이직의 가장 큰 이유는 연봉과 복지에 대한 불만이라고 합니다.[1] 먹고살기 위해 돈 벌자고 다니는 것이니 너무 당연한 이야기입니다. 그렇지만 이러한 조건만이 중요하다면 연봉 등이 월등히 좋은 대기업에서는 이직률이 높지 않아야 합니다. 하지만 연봉과 복지가 좋고 회사의 안정성이 월등히 높은 대기업이나 은행, 심지어 공기업에서도 많은 신입사원들이 입사 1년 안에 회사를 떠나는 것으로 알려져 있습니다. 외형적 조건 말고도 이직을 부추기는 다른 이유가 있다는 뜻입니다.

최근의 여러 조사를 살펴보면 이는 '사람'이라는 단어로 귀결됩니다. 회사에서 만나는 상사와 동료들은 아무리 정시 출퇴근을 한다 해도 하루 최소 9시간을 함께 보내야 합니다. 우리가 평일에 가족보다도 오랜 시간을 보내는 사람들이라는 뜻입니다. 혈연으로 맺어지고, 오랜 기간의 연애를 통해 만들어진 가족 간에도 갈등이 생기고, 심하면 서로 갈라서기도 하는데, 한 조직에서 일하겠다는 결심 외에는 아무런 인연이 없는 사람들끼리 한 곳에 모여서, 하루 대부분의 시간 동안 얼굴을 보게 되면 갈등이 생기지 않을 수 없습니다.

즉, 아무리 정상적인 사람들만 모여 있어도 일정한 갈등은 피할 수 없습니다. 내가 착하고 좋은 사람이고, 상대방도 착하고 좋은 사람이어도 얼마든지 갈등할 수 있습니다. 크고 작은 갈등은 우리의 성격이 좋든 나쁘든 일정 수준 가지고 가야 할 사회생활의 필수품 같은 것이죠. 다만 이 정도의 갈등 때문에 이직 같은 큰 문제를 결정하지는 않습니다.

다른 사람과 '맞지 않다'의 수준이 아니라 '견디지 못하겠다'가 돼야 하는 겁니다.

즉, 사람 때문에 이직을 생각할 정도가 되려면 정말 사람이 싫어져야 합니다. 그저 좀 안 맞거나, 그저 좀 별로인 수준이 아니라 너무 싫고, 보기만 해도 마음에 상처를 입고, 부딪히기만 하면 화를 참을 수 없게 만드는 수준이 돼야 하는 거죠.

그런데 이런 고민을 친구들과 나누다 보면 한 가지 재미있는 사실을 발견하게 됩니다. 그저 성격이 안 맞거나 약간의 갈등이 있는 사람은 각자 다릅니다. 예를 들어 쾌활하지만 직선적인 성격의 동료가 있을 경우 '너무 직선적이라서 싫다'는 사람이 있는 반면 '활력 넘치고 할 말은 하니 시원해서 좋더라'고 하는 사람도 있습니다. 사람과 입장에 따라서 선호가 얼마든지 갈릴 수 있다는 거죠.

하지만 정말 싫어서 견디기 힘들게 만드는 동료나 상사에 대해 이야기를 나누다 보면 대부분의 사람들이 그 사람에 대해 욕을 하는 것을 발견할 수 있습니다. 끊임없이 자기 생각을 강요하고, 작고 사소한 것을 트집잡아 공개적인 자리에서 질책하고, 자기 잇속만 챙기면서 직원들은 나몰라라 하는 상사에 대해 분노를 느끼지 않을 사람은 없습니다.

즉, 그저 좀 싫거나 안 맞는 사람은 나에게만 힘들거나 불편한 감정을 느끼게 하지만, 정말 큰 문제를 일으키는 사람은 나 혼자에게만 문제를 일으키는 것이 아니라 조직에 있는 대부분의 사람에게도 불편감과 짜증을 불러일으킨다는 겁니다.

이 책은 바로 이러한 사람들에 대한 이야기입니다.

'어떻게 들어온 직장인데, 웬만하면 참고 다니고 싶은데, 도저히 저 인간 때문에 더 이상 회사를 못 다니겠다'라는 말이 나오게 만드는, 사무실에서 기생하며 모든 직원들에게 공공의 적이 되는 사람 즉, '오피스 빌런'에 대한 이야기인 거죠.

1부는 심각하게 문제가 있는 성격을 가진 상사들에 대한 글입니다. 그들이 어떤 행태를 보이고, 왜 그런 이상한 성격을 가지게 됐는지 그리고 혹시 내가 회사를 떠나지 않고도 적절하게 대응할 방안이 있을지에 대해 이야기하려고 합니다.

2부는 상사는 아니지만 그들만큼 힘들게 할 수 있는 문제적 동료에 대한 글입니다. 상사가 아니니 괜찮지 않을까 싶겠지만, 바로 옆에서 더 오랜 시간을 함께 보내야 하기 때문에 성격 문제가 있는 동료는 상사보다도 더 괴로울 때가 많으니 이들에 대한 대응 방법도 생각해 봐야 합니다.

직장에서 사람과 갈등이 생기면 때론 내가 너무 예민하거나 내가 너무 공격적인가 싶어 스스로를 의심하는 경우가 생깁니다. 주변 동료들 대부분이 괜찮은 사람이라고 하는데 나만 불편하다면 내가 예민할 가능성이 더 높겠죠.

하지만 정말 모든 사람을 힘들게 하는 사람들도 있습니다. 악당 같은 사람이고, 이런 사람이 내 사무실의 상사이거나 동료라면 하루하루가 악몽 같은 경우도 생깁니다. 그렇다고 무턱대고 이직을 시도하기도 어렵죠.

이 책이 사람 때문에 생긴 진퇴양난의 위기를 헤쳐나갈 작은 가이드가 되길 희망합니다.

Contents

| 2 |
근거리 퇴사 유발자,
문제적 동료 유형

1

노답 위의 노답,
문제적 상사 유형

영화 속 빌런(villain, 악당) 캐릭터들은 대부분 딱 봐도 악당의 기운이 느껴집니다. 얼굴의 흉터 하나는 기본이요, 행동은 잔인하고 극악무도합니다. 그래서 너나 나나 할 것 없이 그 캐릭터를 보자마자 악당임을 직감합니다.

하지만 회사의 빌런은 오히려 반대인 경우가 많습니다. 이들은 나와 업무적으로 연결고리가 없다면 그저 옆 부서의 부장님, 마케팅 부서의 팀장님일 뿐입니다. 심지어 나의 상사보다 괜찮아 보이는 경우도 많습니다.

회사라는 공간은 그 특성상 정말 심각한 성격이상자가 입사하기는 어려운 곳입니다. 개인별로 성격 차이는 존재하지만, 최소한의 사회생활을 수행할 수 있는 지적 능력과 대인 관계 역량을 지녀야 하기 때문입니다.

게다가 그런 역량들을 종합해서 평가받은 사람을 소위 '상사'라고 합니다. 그들은 사회생활에 필요한 역량이 어느 정도 검증된 사람들이라고 할 수 있습니다.

그런데 왜 내가 다니는 회사에는 속된 말로 사이코 같은 상사들이 많을까요?

이는 우리가 회사에서 매일매일 스킨십하는 지극히 평범한 사람의 작은 악의가 누적돼 미치는 영향입니다. 조금 특이할 뿐 '정상'인 사람이 뿜어내는 아주 작은 악의가 쌓이고 쌓여서 거대한 돌팔매질이 되는 거죠.

묻지마 폭행, 보이스 피싱 등을 당하면 경찰에 신고를 합니다. 회사 내에서도 명백한 불법을 저질렀거나 직장 내 괴롭힘을 행한 사람은 법의 심판을 받고 그 대가를 치르도록 합니다. 그런데 회사에서 복사를 하다가 A4용지에 손가락을 살짝 베었다면, 신고해야 할까요? 이런 일로 신고하는 사람은 없습니다.

상처 부위가 은근히 쓰리면서 신경 쓰인다고 사무실에 있는 모든 A4용지를 다 버릴 수도 없고, 꼭 A4용지가 아니어도 어떤 날카로운 것에 상처는 언제 어디서 날지 모릅니다.

이처럼 이번 장에서는 종이에 벤 손가락의 상처처럼 은근히 쓰리고 신경 쓰이지만 이러지도 저러지도 못하는 존재. 회사 내 상사들의 작은 악의와 잘못된 습관 그리고 무신경이 결합됐을 때 얼마나 어마어마한 인간 재해를 일으키는지에 대한 이야기를 다루고 있습니다.

가혹한 독재자

김 대리가 면접에서 처음 만났던 마케팅팀의 이 팀장은 굉장히 세련되고 스마트한 사람이었다. 좀 차가운 이미지였지만, 자기 업무에 대한 자신감이 넘쳤고, 여기저기에서 들리는 소문에 의하면 회사에서 차기 경영자로 키우고 있는 실세라고 했다. 김 대리는 이직 운이 좋다고 생각하며 업무를 시작했다.

그러나 이 팀장의 의외의 모습을 보게 된 것은 얼마 지나지 않아서였다. 사업부장인 박 전무에게 업무 보고를 하는데, 서비스 홍보용 SNS 페이지 등이 홍보 대행사와의 마찰로 오픈 이후 방문자나 고객 반응 등에서 매우 저조한 상태였는데, 이 팀장은 박 전무에게 아주 빠르게 방문자가 늘어나고 있어서 2주 후면 초기 목표 숫자를 달성할 것이라고 호언장담을 한 것이다. 실제와 다른 팀장의 보고에 김 대리와 마케팅 팀원들은 어이없어했다. 게다가 이 팀장은 보고 후 바로 김 대리와 마케팅 팀원들에게 황당한 지시를 선포했다. 그날 저녁부터 마케팅 팀원들은 2주 동안 주변의 지인들을 총동원해 서비스 홍보용 SNS에 '좋아요'와 '댓글'을 일정 숫자 이상 채워야 퇴근할 수 있다고 한 것이다. 그리고 박 전무가 이 과정을 알면 안 되기에 SNS 관련 업무는 전부 야근과 주말 근무를 하면서 채워야 했고, 마찬가지 이유로 회사 마케팅 예산은 십 원도 쓸 수가 없었다.

김 대리는 황당했지만, 팀원 누구도 이 지시에 대해 반기를 들거나 항의하려 하지 않았다. 이 팀장이 무서운 사람이라 항의할 생각을 못하는 태도들이었다.

그 지시를 내리면서 이 팀장은 "지금껏 놀았으니 이제는 일해야지"라며 아주 가볍게 말했지만, 매일 채워야 하는 양은 주변 지인으로도 부족해서 페이크 아이디를 만들어 처리했고, 그마저도 힘들어서 돈을 받고 '좋아요' 숫자를 늘려 주는 회사에 팀원들이 개인 돈을 모아 비용을 지불하고서야 겨우 채울 수 있었다. 또 SNS 콘텐츠 업로드 작업이 늦은 직원은 하루에도 몇 번씩 회의실에서 팀장과 면담을 했야 했다. 팀장의 싸늘한 목소리가 오버랩 되며 열리는 회의실 문으로 나오는 직원들의 표정은 툭 찌르면 금방이라도 눈물이 왈칵 나올 것 같은 표정들이었다.

그러던 어느 날, 이 팀장 밑에서 3년을 넘게 열심히 일했던 팀원 한 명이 아이가 아파서 정시 퇴근해야겠다고 하니, 이 팀장은 "내일부터 다른 부서 출근할 모양이지? 어디 보내 줄까?"라고 마치 비아냥거리듯 웃으며 대답했다.

그 한마디에 그 직원은 허겁지겁 그날의 할당량을 채우고 8시가 넘어서 퇴근했다. 그리고 그 콘텐츠 기획 담당 직원은 2주 뒤 지방 공장의 관리직으로 발령이 났고, 반면 이 팀장은 박 전무로부터 SNS 흥행시키느라 수고했다는 칭찬을 들었다.

직장에서 만나는 사람 중 첫인상이 유독 '똑똑하다', '냉철하다', '카리스마가 넘친다'라는 표현이 어울리는 상사가 있습니다. 당연히 일을 잘하고, 자기 의견도 분명하며, 결과까지 완벽하게 만들어 내는 능력도 있습니다. 게다가 정돈된 외모까지 갖춘 경우가 많습니다. 꼭 명품으로 도배를 했다기 보다는 몸 자체를 오랜 시간 가꿔 온 사람에게서 느껴지는 날렵함과 세련됨 같은 것 말입니다. 인간적인 관계는 모르겠지만, 그런 사람 밑에서 일하면 실적 하나는 확실히 만들어 낼 것 같다는 느낌을 강하게 받게 됩니다.

그런데 시간이 지나면서 '유능'은 '이기적'이라는 표현으로, '냉철'은 '냉혹'이라는 표현으로 바뀌어야 하는 행동들을 보여줍니다. 목표를 위해서는 물불을 가리지 않고, 집요함을 넘어 집착에 가까운 모습도 보입니다. 필요하다고 생각되면 거짓말이나 남을 이용하는 것에 대해서는 전혀 거리낌이 없고, 잠재적 경쟁자를 직접적으로 공격하는 것도 서슴지 않습니다.

여기에서 좀 더 진화하면 곁에서 잘 따르고 충성스럽게 일하던 직원이라도 자신의 지시에 부정적인 반응을 보이면 어떤 감정적인 흔들림이나 일말의 미안함도 없이 내치는 행동을 보여줍니다.

목표를 위해 직원들을 가혹하게 몰아가고, 반대나 다른 의견은 절대로 용납하지 않으며, 직원들이 번아웃 되든, 불안과 공포에 시달리든, 힘들어서 울먹이든 전혀 마음의 동요 없이 밀어붙이는 이들을 '가혹한 독재자'라 합니다. 이들이 오피스 사이코의 첫 번째 인물입니다.

먼저, 가혹한 독재자들의 특징을 살펴보겠습니다.

① 100m 미남(미녀)로 보인다

가혹한 독재자들은 겉으로 보기엔 마치 100m 거리에서 보면 모두 미남, 미녀이듯이 멋있습니다. 즉, 부하 직원으로 같이 일을 해야 하는 상황만 아니라면 매력이 넘치는 사람입니다. 지적이고 명석하죠. 답답한 윗사람 모시다가 이런 상사를 만나면 뻥 뚫리는 느낌이 듭니다. 카리스마도 있고, 필요하면 과감한 위험 감수도 마다하지 않습니다.

나이에 비해 스타일도 괜찮습니다. 몸이나 얼굴을 보면 자기 관리도 잘하죠. 이런 독재자들이 회사에 많은 가장 근본적인 이유는 머리가 좋고 멋있기 때문입니다. 면접 통과나 승진 등은 이들에겐 일도 아니거든요.

② 통제의 화신이다

멋있는 사람과 함께 일을 하다 보면 슬슬 갑갑해지기 시작합니다. '이것은 김 대리가 해야 할 일', '저것은 이 대리가 해야 할 일' 등으로 업무 영역이나 책임 등을 명확하게 나누는 것은 좋은데, 시간이 어느 정도 흐르면 나의 일에 대해 끊임없이 개입합니다. 다만 이 개입의 결이 '일 못하는 사람'이 개입하는 것과는 조금 다릅니다.

일 못하는 상사가 낄 때 안 낄 때 구분 못하고 말도 안 되는 헛소리를 늘어놓는 것과 달리, 가혹한 독재자들은 나의 업무 영역을 완전히 나누고 재단한 다음 내가 그 영역을 조금만 벗어나려고 하면 엄격하게 통제합니다.

예를 들어 옆 부서와의 협업은 원래 상사의 일인데 상사가 바빠 보여서 내가 대신 처리한 경우 가혹한 독재자들은 조용히 부릅니다. 그러고는 냉소가 가득한 얼굴로 "이 일은 내 일이라고 하지 않았나?" 하며 싸늘한 말을 내뱉습니다. 차라리 화를 내거나 감정을 드러내면 반박이라도 하겠는데, 그저 느껴지는 감정은 '너 따위가'라는 비하와 차가움뿐입니다. 보통 '이 사람 뭔가 이상하다'라는 느낌을 처음 받게 되는 상황이지요.

3 철저하게 자기중심적이다

앞에서 말한 '너 따위가'라는 느낌이 중요합니다. 성실하고 원칙을 잘 지키는 상사들도 부하 직원들을 엄격하게 통제하곤 합니다. 그리고 선을 넘으면 책임을 묻습니다. 하지만 이런 사람들에게서는 '깔보는' 듯한 느낌이 별로 없습니다. 다만 사람이 너무 FM이라 힘든 것뿐이죠.

그렇지만 가혹한 독재자들이 보이는 말과 행동에는 부하 직원들을 업신여기는 게 명백하게 느껴집니다. 마치 동물을 다루는 듯한 느낌이라고 할까요? 오랫동안 같이 일해 온 직원에 대한 애정은 전혀 없으며, 하나의 도구처럼 생각하는 느낌이 강하게 전달됩니다. 그리고 자신은 그들과는 클래스가 다른 사람처럼 말하고 행동합니다.

능력 좋고 매력 있으니 어느 정도 자기중심적일 수 있지만, 가혹한 독재자들은 정도가 심합니다. 이들은 자기 윗사람에게 충성을 다하는 것처럼 보이지만 자세히 들여다보면 칼을 갈고 있는 게 느껴집니다. 그 윗사람이 좋은 사람인지의 여부는 중요하지 않습니다. 그저 자기보다 위에 있다는 사실 그 자체에 분노하는 것이죠.

가혹한 독재자들이 가끔 보이는 윗사람에 대한 진심은 단순히 '짜증 난다' 혹은 '화가 난다' 수준이 아니라 '분노' 그 자체라는 느낌이 들어서 무섭습니다.

4 수단과 방법을 가리지 않는다

가혹한 독재자들은 거짓말을 잘합니다. 노골적으로 거짓을 말하고 중요한 내용을 빠뜨려 심각하게 왜곡합니다. 그것도 눈 하나 깜짝 하지 않는 모습으로 말이죠. 물론 이러한 행동은 오랫동안 자세하게 관찰해야 발견할 수 있습니다.

게다가 가혹한 독재자들은 목표에 도달하기 위해 수단과 방법을 가리지 않습니다. 그들이 부서장인 경우, 목표 실적 달성에 '집요하다'는 표현이 어울릴 정도로 밀어붙이니 솔직히 부하 직원들은 그런 면에서 좋을 때도 있습니다. 버텨 내는 동안은 죽을 것 같아도 결국 목표 실적을 달성해서 부하 직원들에게 보너스를 받게 해 주니까요. 물론 그 보너스의 가장 큰 몫은 부서장 몫이 될 겁니다.

어찌됐건 이들은 목표에 도달하는 게 중요한 사람들이고 그 과정에서 거짓말을 하든, 부하 직원을 갈아 넣든, 다른 부서와 전쟁을 치르든 개의치 않습니다. 자기에게 필요하다면 회사, 아니 사회에서 용납하지 않는 행동도 합니다. 정말 필요하다면 머리도 조아리고 죽는 시늉까지도 합니다. 하지만 자기에게 권력이 돌아오면 복수도 가차 없이 진행합니다.

5 희생양을 만든다

가혹한 독재자들은 결정적인 상황이 오면 기가 막히게 희생양을 만듭니다. 과감하고, 수단과 방법을 가리지 않으면서 목표를 밀어붙이니 실패도 책임질 것처럼 보이지만, 막상 그런 상황이 닥치면 책임은 다른 사람의 몫입니다. 분명히 본인이 하자고 했고, 본인이 계획하고 지시했던 일들인데 결과가 나쁘게 나오면 어느 순간 다른 사람의 책임이 됩니다.

가혹한 독재자가 책임감이 없다는 것은, 우리가 보통 말하는 책임을 회피한다는 느낌과는 조금 다릅니다. '나에게 세상의 잣대를 들이밀지 마라'는 식의 느낌이 좀 더 강하다고 할까요? 책임이나 규칙, 규율 등에 대해서 무시하는 말과 태도를 보입니다. 그리고 어떻게 해서든 자기는 빠져나가죠.

예전에 제 상사 중에는 부서 실적이 계속 악화돼 결국 부서가 해체되는 상황에 처했는데, 혼자 승진해서 다른 부서 책임자로 간 경우도 있었습니다. 물론 그 상황에 대한 책임은 다른 사람에게 이미 물려준 지 오래였고요. 분명 해체되는 그날까지도 저희 부서장이었는데 말이죠.

상당수 조직에서는 가혹한 독재자들의 업무 추진력과 성과 창출 능력을 좋아합니다. 때문에 전 인구의 2~3% 수준이 정상적인 비율이지만, 직장에서는 5~20% 정도가 이 성향을 가진다는 이야기도 있습니다.

그럼, 가혹한 독재자들의 장점은 무엇일까요?

1 경영진의 지원을 받아 내는 능력자다

가혹한 독재자들이 가지고 있는 매력과 강력한 추진력 그리고 목표 달성 역량은 회사에서 상당히 선호하는 능력입니다. 경영진을 잘 설득해 내고 부서가 회사 내에서 눈에 띄게 만들어 내죠. 내부 직원들에게 가혹하건 말건, 경영진의 관심과 지원을 받아 내지 못하는 부서장은 아랫사람 입장에서는 참 안타깝습니다. 그러나 가혹한 독재자들 밑에서는 그런 문제는 없습니다.

2 실적을 만들어 낸다

가혹한 독재자들은 앞서 언급했던 것처럼 목표 실적 달성에 대해 집요합니다. 힘들어 죽을 것 같은 상황에서도 채찍을 휘둘러 직원들을 몰아갑니다. 때문에 실적이 나옵니다.

과장된 예시 같지만, 가령 전략 컨설팅팀에서 M&A 프로젝트의 '전략 실사(Due Diligence)'를 맡게 되면 프로젝트 기간에는 밤낮없이 집도 못 가고 일주일에 100시간 넘게 일하는 경우가 있습니다. 말도 안 되는 이야기 같지만 그 프로젝트의 특성상 그런 일이 생깁니다.

보통 상사라면 팀원이 이런 프로젝트를 끝내고 난 직후라면 휴가를 쓰게 합니다. 그런데 가혹한 독재자라면 프로젝트가 끝나자마자 다른 프로젝트가 연결되면 다시 직원들을 몰아갑니다. 직원이 번아웃 되든, 몸이 아파서 병원을 가든, 가족을 돌봐야 할 일이 있든 이들에게는 전혀 중요하지 않습니다. 오직 실적만이 유일한 목표요, 동기이기 때문에 휴식을 요청하는 직원은 '나약한' 존재일 뿐입니다. 이렇게 가혹한 독재자들은 실적을 만듭니다. 하지만 장점만 많으면 오피스 빌런의 일원일리가 없습니다.

가혹한 독재자들과 같이 일하는 직원들이 부딪히는 문제는 다음과 같습니다.

① 번아웃이 될 때까지 내몰린다

가혹한 독재자들은 본인이 정한 목표에 의문을 제기하는 걸 용납하지 않습니다. 그리고 이를 위한 업무 수행을 느슨하게 하는 것도 용납하지 못합니다. 부하 직원이 일을 느슨하게 하거나 역량이 부족하면 가차 없이 쫓아냅니다. 왕따를 만들건 타 부서로 전출시키건 퇴사를 시키건 이들은 자신의 목표 달성에 방해가 되는 건 모조리 없애버립니다.

보통의 상사라면 직원이 힘들어 하거나 역량이 부족하면 공감해 주고, 성장을 도와주고, 일의 양과 속도를 조절해 줄 겁니다. 하지만 가혹한 독재자들에겐 불가능한 일입니다. 이들이 직원에게 관심을 쏟는 유일한 경우는 '직원이 일을 못할 때 어떻게 하면 내보낼 것인가' 뿐입니다.

역량도 의지도 있는 직원이라면 그에게 더 이상 워라밸 따위는 없습니다. 개인의 감정도 삶의 목표도 인정하지 않습니다. 단하나, 상사의 목표에만 전력해야 합니다. 그것이 가혹한 독재자가 부하 직원에게 허락하는 단 하나의 자유입니다.

② 일 도구로서 끝없이 착취 당한다

가혹한 독재자들은 부하 직원들을 일 도구로 취급합니다. 동기 부여가 잘 되어 있고, 자기 목표가 너무 커서가 아니라, 그냥 부하 직원에게 관심이 없는 것입니다. 필요하면 부하 직원을 사근사근히 챙기기도 하고, 이런저런 관심을 보일 때도 있지만, 그것은 어디까지나 '자기가 필요할 때'입니다. 사람을 장기판 위의 말처럼 생각하는 거죠.

불안 지수가 높고, 자아가 약하며 타인에게 의존적인 사람들에겐 가혹한 독재자 상사가 좋은 상사처럼 보입니다. 업무를 지속적으로 주면서 지시도 명확하게 전달하니 아랫사람으로하여금 존재감을 갖게 하거든요. 하지만 그것은 모두 자신의 개인 목표를 위해서입니다. 직원, 아니 일 도구 따위에게는 1도 관심이 없습니다.

❸ 무능력자로 내쳐진다

가혹한 독재자들은 자기에게 반기를 들거나, 의문을 제기하고, 업무를 지시한 만큼 수행하지 못하는 직원은 무조건 퇴출입니다. 물론 화를 내면서 "너 나가!"라고 소리를 지를 만큼 멍청하진 않습니다. 퇴출시킬 때는 '내가 겪어 보니 일을 못한다' 혹은 '나랑 맞지 않는다'라는 이유가 아니라 '객관적으로 저 직원은 무능력하다'라는 이유를 만들어서 내보냅니다. 필요하면 없던 일도 만들어 내고, 그 직원이 했던 업무도 하지 않은 것으로 만들어서라도 쫓아냅니다.

당사자가 상처를 받거나 다른 직원들이 지켜보며 미치는 영향은 고려 사항이 아닙니다. 그 순간 목표는 바로 '저 직원을 내보내는 것'이며 목표 달성에 최선을 다한 것뿐이니까요. 이렇게 내쳐지는 직원의 평판은 완전히 엉망이 됩니다.

❹ 인간적인 모멸감을 느끼게 한다

가혹한 독재자들은 앞뒤도 없이 분노를 폭발시키지는 않습니다. 대신 사람의 자존감에 상처를 줍니다. 조금이라도 자기 말을 듣지 않거나, 통제에서 벗어나려고 하면 그 직원에게 '스스로 뭘 잘못했는지 반성해 봐라' 같은 태도를 보입니다. '감히 내 말을 안 들어?'라는 익히 아는 멸시의 눈빛과 함께 말입니다.

아니면 한 명을 찍어서 부서 전체에 공포 분위기를 만드는 표본으로 사용하기도 합니다. 자기가 얼마나 권력자고, 자기 말을 듣지 않으면 어떤 대가를 치르게 되는지 일종의 시범 케이스를 만듭니다. 옛날 독재자들이 반대파의 목을 자르고 그것을 성문 앞에 전시했던 것과 같은 행위를 회사에서 하는 거죠.

당하는 직원 입장에서 무능하거나, 이기적인 상사는 다른 부서로 전배를 가면 '저 인간을 피할 수 있으니' 부서를 옮기고 싶다 정도의 느낌이라면, 가혹한 독재자들은 아예 이 회사를 다녔다는 사실조차 잊고 싶다고 할 정도로 사람에게 못되게 합니다. 이런 인간 안 만나면 좋겠지만, 어디 회사 생활이 자기 맘대로 되던가요.

만약, 가혹한 독재자를 상사로 만나면 어떻게 대처하면 좋을까요?

❶ 내 상사는 가혹한 독재자인지 판단해 보세요

사람은 누구나 냉정할 때가 있고, 타인에게 못되게 굴 때도 있습니다. 특히 한 조직을 책임지는 사람이 되면 실적에 쫓기고, 임원들에게 시달리다 보면 가끔 직원들을 일 도구처럼 대할 때도 있습니다. 하지만 가혹한 독재자들은 이런 문제적 태도가 일상이며, 무슨 일을 하던 이런 태도가 묻어납니다. 과도한 자기애와 자신감, 매력적 모습, 통제에 대한 아주 강한 욕구, 타인에 대한 무감각이 지속적으로 나타나는 것이 가혹한 독재자들의 특징입니다.

더불어 이들이 통제하고 있는 조직은 굉장히 '감정적'이 되고, 서로에게 공격적, 적대적 분위기가 형성됩니다. 부하 직원들이 뭉치지 못하도록 계속해서 압력을 행사하기 때문입니다. 따라서 내 상사가 엄격한 원칙주의자인지 아니면 이기적이거나 기회주의적인지, 그것도 아니면 가혹한 독재자인지 판단해보아야 합니다.

② 사람 성격 안 바뀝니다. 그렇다고 상황이 변하지도 않아요

만약 가혹한 독재자가 맞다면 그는 절대 바뀌지 않으며, 상황이 개선되지도 않을 것입니다. 물론 더 위의 상사가 그를 다른 곳으로 보낸다면 해방이지만 그때까지 고통은 피하기 어렵습니다. 이들이 가지고 있는 특성들은 '성격'입니다. 반성한다고, 깨달았다고, 나이 먹었다고 약해지지도 바뀌지도 않는 문제라는 겁니다. 막연히 기대해 봐야 얻을 게 없습니다. 다른 대안을 찾아야 합니다.

③ 자존감을 지키는 게 가장 중요해요

가혹한 독재자들은 사람의 마음을 통제하려 합니다. 그 방식은 가혹하게 부리거나, 자존감에 상처를 줘서 성숙한 성인으로서의 대응을 못하게 하는 것입니다. 또는 공포나 불안에 떨게 해서 이성적인 판단을 못하게 하는 방식도 씁니다.

지금 하는 일이 중요하고, 절대로 이직할 수 없는 상황이라면 '혹시 내가 일을 못해서' 또는 '내가 사람을 견디는 힘이 없어서'와 같은 생각은 해서는 안 됩니다. 상대는 범죄만 저지르지 않았을 뿐이지 거의 비슷한 급으로 문제가 있는 사람입니다. 그의 날선 비하와 조소는 그의 미성숙함을 표현하는 것일 뿐, 나를 제대로 알지도 못할 뿐더러, 나에게 관심 있어서 하는 말이 아닙니다. 절대 말려들지 말고 자존감을 지키세요.

④ 계속 같이 붙어 있으면 안 됩니다. 이직하세요

불행하게도 다른 오피스 빌런의 유형에 비해 가혹한 독재자들은 나름의 대응 방법이 없습니다. 악랄할 뿐더러 영리하고 실적도 좋기 때문에 부서 외부에 비치는 나의 모습은 열심히 일하려는 상사에게 태클하는 못난 부하 직원 그 이상도 이하도 아니게 되는 것입니다. 그리고 이들은 대체로 조직 내에서 승승장구하기 때문에 조직의 실세이거나 힘이 센 부서장인 경우가 많습니다. 때문에 부서를 옮기려 할 때도 평판이 망가진 상태로 이동하거나, 이동 자체에 제동이 걸리는 경우도 많습니다.

죽기 살기로 버티면 좀 나아지지 않을까 싶겠지만, 이들은 만족을 모릅니다. 자기를 위해 노력한 직원에 대한 고마움도 모릅니다. 이직밖에 다른 수가 없을 때가 많습니다. 소위 성실하고 충성파라고 불리는 성격을 가진 직원들이 가장 이용을 많이 당하며, 동시에 토사구팽(兎死狗烹)도 가장 많이 당하는 직원들입니다. 개인적으로 아주 명확한 목표가 있지 않는 한 오랜 시간 충성해 봐야 돌아오는 것은 냉정한 뒷모습뿐입니다.

부서 이동을 해서라도 떠나세요. 계속 같이 일하다 보면 자존감의 지속적인 상처로 인해 '잘못된 성향의 학습'이 이뤄지게 됩니다. 또한 욕하면서 배운다고, 내가 이런 유형에 물들 수도 있고 혹은 그로 인해 생긴 분노를 자꾸 다른 사람에게 해소하게 됩니다. 즉, 상사 때문에 나의 인간관계 자체가 망가지는 거죠.

가혹한 독재자의 특성과 대응책

특성
·직속 상사가 아니라면 멋있어 보이기도 하다.
·통제의 화신이다.
·철저하게 자기중심적이다.
·수단과 방법을 가리지 않는다.
·희생양을 만든다.

대응책
·상사가 가혹한 독재자인지 잘 판단해야 한다.
·사람 성격 안 바뀐다. 물론 상황도 변하지 않을 것이다.
·자존감을 지키는 게 가장 중요하다.
·계속 붙어 있으면 안 되니 이직하자.

나, ○○ 나온 여자야!
왜이래?

관종형 무능력자

새로 온다는 브랜드 실장의 이력은 화려했다. 국내에서 손꼽히는 소비재 회사에서 기업 브랜드 책임자로 일했었고, 대형 화장품 회사와 통신사 등의 이력을 보면 국내 유명 회사의 브랜드 마케팅 부서는 모두 돌아다닌 것 같았다. 학벌도 서울의 꽤 괜찮은 학부 졸업에 최고 수준은 아니지만 꽤 유명한 외국 대학교 석사 학위도 2개나 가지고 있었다. 입사 직후 첫 미팅에서 브랜드 실장은 화려한 외모와 우아한 말투로 직원들의 시선을 한몸에 받았다. 첫 미팅 후 직원 한 명이 "브랜드 실장은 회사에 출근한 게 아니라 패션쇼에 참석하나 본데?"라고 농담할 정도로 외모에 신경을 쓴 모습이었다.

하지만 부서원들이 브랜드 실장에게 열받기 시작한 것은 입사 후 불과 한 달이 안 되는 시점부터였다. 브랜드실 주최로 외부 행사를 진행하는데, 기업 브랜드 책임자였다면 모를 수가 없는 사항들에 대해 마치 처음 듣는 것 같은 표정을 지으며 하나하나 설명을 요구했고, 도무지 말이 안 되는 의사 결정만 하고 있었기 때문이다.

결국 브랜드 실장이 행사 규모를 과도하게 키워 예산이 초과돼 대표에게 승인까지 받아야 하는 상황이 됐다. 게다가 예산 확보와 행사 진행 등의 운영 책임은 모두 마케팅실에 넘기고, 행사의 주최인 브랜드실 그리고 그곳의 짱인 실장은 행사 오프닝 및 사회를 맡겠다는 거였다.

"대표님께 예산 같은 사소한 문제로 부담을 드리는 것은 아닌 것 같아요"라는 말도 안 되는 소리를 우아하게 내뱉으면서 한 결정들이었다. 브랜드 실장은 그저 자기가 큰 행사의 메인이라는 사실에만 만족했다. 사실 브랜드실은 마케팅실과의 통폐합이 거론되면서 브랜드실 직원들이 오랫동안 독립성을 주장해 왔는데, 그 사항에는 아예 관심도 없었다. 그러면서 행사 날 자리 배치도를 보며 임원들 뒤에 자신이 배치된 것을 알게 된 브랜드 실장은 행사 책임자를 불러 난리를 쳤고, 결국 임원이 아님에도 임원들과 동석하는 좌석을 받게 됐다. 브랜드 실장은 의전, 그것도 자기에 대한 의전 외에는 행사 진행에 대해 아무 관심도 책임도 없는 듯했다.

이후 부서에서 문제가 생겨 대표에게 보고해야 하는 일들은 모두 실장 선에서 없던 일이 돼 버렸고, 생색내기 좋은 일이나 대형 프로젝트 같은 사안들만 대표에게 보고했다. 브랜드실에서 발생한 문제들을 보고하지 않는다고 해서 연관 부서까지 대표에게 보고하지 않는 경우는 없으니, 대표가 브랜드실은 왜 제대로 처리하지 않냐고 화를 내는 일이 생기기 시작했다. 그런데 신기하게도 화를 내던 대표도 브랜드 실장과 회의를 하고 난 뒤에는 없던 일처럼 그냥 넘어가곤 했다.

가끔 실장이 도저히 빠져나갈 수 없는 문제가 생기면 그 해결은 브랜드실에서 가장 일을 잘한다고 알려진 김 과장의 몫이 됐다. 김 과장은 브랜드 실장이 EMBA(Executive MBA) 교육과 외부 행사 참석 등을 이유로 사무실을 비우는 시간이 길어지면서 브랜드실의 부하 직원 및 외부 업체 모두를 관리해야 했고, 옆 부서와의 갈등 역시 처리해야 했다. 동시에 브랜드 실장의 보고서까지 만들어야 했고, 그 내용이 부정적인 이슈일 때는 관련 임원들에게 직접 보고까지 해야 했다. 물론 그 자리에서 대표나 임원이 이슈에 대해 화를 내면 그걸 받아내는 것도 김 과장의 몫이었다. 그렇지만 성과가 나온다는 식의 보고서가 완성되면 브랜드 실장은 표지에 자기 이름을 넣어 대표와 다른 임원들에게 마치 자기가 만든 것처럼 보고했다.

브랜드 실장이 워낙 실무에 관심이 없고, 옆 부서에 모든 일을 떠넘기다 보니 차츰 브랜드실의 위상은 줄어들었다. 그리고 옆 부서에서도 브랜드실에서 반드시 처리해야 하는 일이 생기면 김 과장과 논의를 했지 실장을 찾지 않았다.

결국 2년이 지난 후에는 대표도 브랜드실의 문제를 알게 됐는지 마케팅실의 소속 부서로 통폐합해 버렸고, 부서 부실 운영의 책임을 물어 김 과장이 한직으로 밀려났다. 통폐합 발표가 있기 3주 전 휴가를 떠난 브랜드 실장은 김 과장이 본사를 떠난 후 복귀했고, 홍보 담당 임원으로 승진했다.

"저렇게 무능력한 사람이 어떻게 저 자리까지 갔을까?"라는 말이 자연스럽게 나오는 유형의 사람들입니다.

재미있는 건 잘 모르는 사람들에게는 세련되고 우아하며 능력 있는 사람처럼 보인다는 점입니다. 그 상사의 윗사람이 보기에는 약간 부족한 면도 있지만 열심히 하고, 헌신적인 사람이죠. 하지만 동료나 부하 직원들에게는 분노의 대상입니다.

한 사람이 마치 다른 마스크를 쓴 것처럼 전혀 다른 이미지로 인식되는 이 사람들을 '관종형 무능력자'라고 부르겠습니다.

회사든 학교든 공공 기관이든 조직은 어느 수준의 경지에 오른 임원이나 교수가 되면 나름 한칼 하는 영역이 있기 마련입니다. 그렇지만 이 관종형 무능력자들은 조직의 필터링 과정에서 희한하게 걸러지지 않고 살아남아서 높은 자리에 오른 후에야 자신의 '완벽한 무능력'을 만천하에 드러냅니다. 그러고는 조직을 뿌리채 흔듭니다.

능력 있는 사람들을 다 떠나게 만들거나 의욕 상실하게 만들고, 자기 혼자서는 제대로 일도 못하면서 윗사람에게는 기가 막히게 아부해서 결국 완전히 망가지고 난 뒤에야 문제가 무엇이었는지 알게 하는 이들.

관종형 무능력자들은 특징적으로 몇 가지 공통점을 가지고 있습니다.

① 심각한 관종이다

일명 관심 종자, 줄여서 '관종'은 관종형 무능력자들의 가장 큰 특징입니다. 공개된 모임이나 회의석상에서 어떻게든 관심의 중심에 서려고 합니다. 회의에서 적극적으로 자기 의견을 표현합니다. 그러다 자기가 제안한 주제나 의견이 중심에 오르지 않으면 삐집니다.

반대로 자기 주제가 논점에 오르면 극적으로 반전하며 에너지가 넘칩니다. 화려하고 멋진 아이디어나 사례를 가져와서 그 주제를 포장합니다.

가만히 지켜보면 그 주제에 포커스를 맞추기 보다는 그걸 통해 쏟아지는 자기에 대한 관심을 즐기는 게 보입니다. 하지만 티를 내지 않고 나름 세련되게 행동하기 때문에 처음 한두 번엔 그저 아이디어 좋고, 수완 있는 사람으로 보이기 쉽습니다. 하지만 실체는 천천히, 주로 아랫사람 눈에 보이기 시작하죠.

② 감정의 분출이나 말의 표현이 극적이다

관종형 무능력자들이 발표를 하거나 회의를 할 때 지켜보면 마치 드라마 주인공 같습니다. 격정적이고, 감성적이며, 감정의 기복도 큽니다. 자기에게 관심이 집중된 상태에서 설득력 있게 발표하고, 특히 윗사람의 기분이나 원하는 바를 아주 잘 읽어 내서 그에 맞는 화려한 퍼포먼스를 선보이기도 합니다.

실제로 광고, 마케팅, 브랜딩 쪽에서 일하다 보면 이런 화려한 퍼포먼스를 선보이는 사람들이 제법 있습니다. 물론 한 꺼풀 벗기면 아무것도 없죠. 내용이나 실제 생각은 없고 그저 사람들의 관심과 인정을 갈구하는 것이니까요.

③ 겉보기가 화려하다

학벌이나 패션 등의 겉보기가 화려합니다. 걸어온 이력이나 커리어를 봐도 일부러 이력을 모으려 해도 힘들겠다 싶을 정도로 화려합니다.

그리고 이 스펙의 화려함은 외모에서도 드러납니다. 눈에 띄는 옷과 매무새 그리고 평소 오랫동안 관리해 온 것이 분명한 피부와 몸 등을 보면 알 수 있지요.

4 낯선 사람이나 권력자에게 잘한다

관종형 무능력자들은 새로운 조직에 들어가거나, 윗사람이 새로 오면 엄청 잘합니다. 또 경력 사원들이 새로 와도 그들에게 아주 잘해줍니다. 세련되고 멋진 외모와 초기에 사람들의 욕구를 아주 잘 파악해서 맞춰 주기 때문에 정말 괜찮은 사람으로 다가갑니다. 또 새로운 조직에 가면 의견 개진도 곧잘 하기 때문에 능력도 있어 보입니다.

사람 파악하는 능력이 부족한 보스의 경우에는 자기가 부하직원 복이 있다고 생각할 정도입니다.

5 말과 생각은 화려하나 공허하고, 사람에 대한 이해는 피상적이다

관종형 무능력자들은 말과 행동이 화려하고, 많이 배운 것 같은 스펙을 자랑하기 때문에 처음에는 능력자처럼 보입니다. 하지만 좀 더 자세히 들여다보면 제대로 알고 있는 게 없습니다. 관련된 학위가 있거나 관련 분야에서 10여 년 이상을 일했는데도 제대로 알고 있는 게 하나도 없는 경우까지 있을 정도입니다.

이들이 내뱉는 말도 처음에나 멋있지 조금 지나면 공허하게 들립니다. 마치 예고편은 화려한데, 막상 본편을 보면 예고편이 전부인냥 알맹이가 없는 것과 유사하다고 할까요?

일이나 지식뿐 아니라 그 사람이 보여 주는 감정도 뭔가 부자연스러울 때가 많습니다. 특히 타인에 대한 공감이나 연민, 열정 등의 감정은 정말 겉과 속이 다르다는 느낌이 들어서 섬뜩할 때가 있을 정도입니다.

6 사람을 쥐고 흔들려고 한다

관종형 무능력자들은 서로 친해지거나 익숙해졌다고 생각이 들면 슬슬 무리한 부탁을 하기 시작합니다. '이건 아닌데'라는 생각이 들 정도로 이기적인 태도를 보이기도 합니다. 콕 집어 말하면 자신의 이익을 추구하기 위한 이기적인 태도라기 보다는 그저 자신의 위치와 이미지만 중요시하는 의미의 이기적 태도입니다.

그리고 자신에게 주어진 얄팍한 권력을 활용해 주변 사람들을 흔들려고 합니다. 대등한 관계에서는 호의를 권리처럼 사용하려 하고, 부하 직원들에게는 평가나 승진, 업무 기회 등을 마치 미끼처럼 사용해 낚시질을 합니다.

부하 직원 입장에서 한두 번은 견딜 수 있지만, 문제는 이런 사람들은 만족을 모른다는 겁니다. 사람의 약한 부분을 계속 건드려서 교묘하게 사람을 쥐고 흔들어 댑니다.

7 위기나 책임져야 할 상황에 회피하거나 동정에 호소한다

실력도 없고, 생각도 없고, 그저 멋있고 화려하게 보이는 데 집중하는 사람이니 막상 책임을 져야 하는 상황이 벌어지면 어떻게든 피하려 합니다. 부하 직원에게 책임을 떠넘기거나, 갑자기 병가 등의 사유로 자리 자체를 회피하거나, 아니면 윗사람에게 불쌍한 척 동정표를 던집니다. 그렇게 상황이 호전되면 언제 약한 척 했느냐는 식의 태도를 보입니다.

그럼, 관종형 무능력자들은 조직에 어떤 영향을 줄까요?

관종형 무능력자라고 할 수 있는 유형의 성격을 가진 사람은 전체 인구 기준으로 대략 2% 내외라고 합니다. 즉, 50명 중 1명 꼴이니 자주 만날 일은 없겠다 생각할 수 있습니다.

하지만 기업체 환경에서는 비율이 확 올라갑니다. 5%가 넘는다는 조사도 있고, 임원의 위치에 오르면 더 올라간다는 이야기도 있으니까요. 기업체 임원 중 20%가 사이코패스라는 조사 결과보다 덜 충격적이지만, 험하게 말해서 사이코패스 같은 보스는 실적을 만들어 내기라도 하고, 부하 직원들에게 성공의 기회를 주기라도 하죠.

하지만 관종형 무능력자들은 공허한 그들의 말과 생각만큼이나 결과도 공허합니다. 그럴싸한 말들을 던지지만 거기서 끝입니다. 그리고 자기를 위해 일한 직원들을 헌신짝처럼 버립니다.

타인을 이용하기만 하고 나몰라라 하는 거죠.

때문에 관종형 무능력자들은 조직 파괴자의 역할을 수행합니다. 주특기라고 할 수 있습니다. 또 이들은 생각보다 승진을 잘합니다. 윗사람들에게 어마어마하게 잘하고, 부하 직원 중에서 능력은 어느 정도 있는데 강단이 부족하거나, 약점이 있는 직원들은 엄청 잘 부립니다. 일의 결과를 위해서가 아니라 자기 면피를 위해서 잘 부린다는 겁니다.

새로운 직원이 들어와서 사람들의 관심이 그에게 쏠리면, 뒷담화를 하거나 없는 말을 만들어서까지 어떻게든 태클하는 사람들도 관종형 무능력자들입니다. 자기의 공허한 아이디어가 채택되게 하려고 아이디어의 설득력과 내용을 보강하는 게 아니라 인간관계에 호소해서 채택되게 합니다. 그렇게 해서 책임자가 되고, 이후에는 자기 자신의 욕구를 위해 부하 직원을 이용하거나 무리하게 부려서 버려버리는 사람도 관종형 무능력자들입니다.

그러면서도 윗사람에게는 자기가 모든 책임을 질 것이고, 자기가 부족해서 결과를 제대로 못냈다며 우는소리를 해서 살아남습니다. 이 과정에서 부하 직원의 희생쯤은 관심도 없습니다.

딱 하나의 직군에서만 관종형 무능력자들이 능력자인 경우가 있습니다. '창의성'이 조직 관리나 협업보다 훨씬 상위의 역량인 산업에서 입니다.

보통 브랜드 마케팅이나 광고업계, 디자인, 방송 및 예술 분야가 이 카테고리의 대표일 것 같습니다. 조직의 규칙과 책임이 엄격한 제조 등의 분야에서는 상대적으로 소수지만, 아무래도 창조성이 강조되는 산업 분야는 관종형 무능력자들이 더 많이 분포하는 것 같습니다.

내 상사가 관종형 무능력자라면 어떻게 대처해야 할까요?

① 안 엮이는 게 최선이에요

상사를 내 마음대로 바꿀 수 없으니 하나마나한 소리지만, 정말 평생 안 만나는 게 최선인 사람들입니다. 성격상의 문제니 시간이 지난다고 바뀌지도 않습니다.

관종형 무능력자들은 기본적으로 사람들과 평등한 관계를 맺지 못합니다. 무조건 윗사람에게는 아부하면서 슬슬 꾀고, 아랫사람에게는 약점을 이용해서 책임을 돌립니다. 엮이지 않는 게 최선이지만, 어쩔 수 없는 상황이라면 최대한 공식적인 관계만 유지하길 권합니다. 다른 동료에게는 미안하지만 내가 심리적 거리를 두면 만만한 먹잇감을 찾아 자기에게 가깝게 다가오는 다른 사람을 찾아서 괴롭힙니다.

② 강하고, 최대한 당당하게 나가세요

관종형 무능력자들은 강자에게 약하고, 약자에게 강합니다. 이들의 본능입니다. 귀신같이 착한 사람을 찾아내서 이용하려 합니다. 그러니 최대한 당차고, 똑 부러지게 대응해야 합니다. 절대 약한 모습을 보이지 않도록 하는 것이 관종형 무능력자들을 떠나 보낼 수 없을 때 쓰는 대응 원칙입니다.

③ 말과 행동을 들어주되, 절대 그대로 하지 마세요

관종형 무능력자들이 무슨 이야기를 하건, 상사로서 최소한의 예우만 갖춰 들어주세요. 대신 업무적으로 해결해야 하는 일이 아닌 이상 절대 그대로 하지 않아도 됩니다. 일은 어쩔 수 없지만, 그들은 분명 업무와 업무가 아닌 일을 구분하지 못하고 부하 직원을 이용하려 할 겁니다. 그리고 그들은 이런 요청 자체를 들어주지 않으면 분명 분노할 겁니다.

그러니 듣는 시늉은 하되 그대로 하지 않으면 처음 몇 번은 투덜거리겠지만 곧 다른 만만한 상대를 찾아 떠납니다. 이 과정에서 자기의 감정은 들키지 마세요.

④ 아부나 칭찬의 말도 도움이 돼요

만국어라도 해도 과언이 아닌 아부나 칭찬도 도움이 됩니다. 모든 상황에서 통할 수 있는 이야기도 아니고, 나의 자존감에 생채기가 날 수도 있지만, 필요 이상의 갈등이 생기거나, 힘든 상황이 되면 적당히 립서비스하고 빠져나오세요. 머리가 단순해서 생각보다 효과가 있습니다.

 관종형 무능력자의 특성과 대응책

- -

특성
· 관심의 중심에 서길 원하며, 말과 행동의 기복이 심하다.
· 겉보기에 신경을 많이 쓴다.
· 낯선 사람, 권력자에게 아주 잘한다.
· 겉보기와 달리 지식은 빈약하고, 이해는 공허하다.
· 사람의 약점을 찾아서 쥐고 흔들려고 한다.
· 책임질 상황에서는 회피하거나 동정에 호소한다.

대응책
· 심리적 거리를 무조건 유지해야 한다.
· 최대한 강하고 당당하게 대응해야 한다.
· 말에 귀 기울이되, 업무와 상관없는 요청은 무조건 거절해야 한다.
· 때로는 아부나 적당히 좋은 말을 해 줄 필요가 있다.

자기중심적 꼰대

국내 영업팀에서 4년째 영업 기획을 맡고 있는 김 대리에게 최근 한 달은 거의 악몽 같은 시간이었다. 김 대리는 이전 상사에게 좋은 아이디어도 많이 제안하고 적극적이라 웬만한 과차장들보다 낫다는 평가를 받았던 직원이었다. 그런 그가 악몽의 회사 생활을 겪게 된 것은 조직 개편 때문이었다. 새롭게 국내 영업 팀장으로 이 부장이 왔는데 그와는 전부터 안면이 있었다. 서로 연관된 부서는 아니지만, 사업부의 1년 전략 회의 때는 해외 주재원들도 참석해 각 지역별 전략을 발표하고, 이후 국내외 영업팀 모두가 회식을 하곤 했기 때문에, 중국 영업 주재원이었던 이 부장을 몇 차례 보게 된 것이다. 오랫동안 해외에 나가 있던 이 부장은 평소에 가끔 큰 소리를 치기는 하지만 자기 일에 책임감도 강하고, 매사에 적극적이라는 평이 대부분이었다. 그러다 중국 사업이 축소되고, 때마침 김 대리의 상사가 마케팅팀으로 자리를 옮기게 되면서 이 부장이 팀장으로 오게 된 것이다.

이 부장의 부임 첫날, 팀 전체 회의에 참석한 김 대리는 영업 기획 담당자로서 과차장급 영업 사원들에 앞서 영업 현황 보고를 했고, 중간중간에 이전 팀장과의 회의 때처럼 각 사안별로 김 대리의 의견을 적극적으로 개진했다. 그때 이 부장의 첫마디가 김 대리의 멘탈을 붕괴시켜 버렸다.

"얌마, 대리 나부랭이가 뭘 안다고 자기 의견을 이야기해? 그냥 영업 현황 수치만 이야기하고 빠져!"

순간 당황한 김 대리는 부랴부랴 영업 현황 보고만 마무리하고 입을 다물었다. 그 뒤부터 회의는 철저하게 위계 순서대로 발언권이 주어졌고, 대리 이하 직원들은 팀장인 이 부장에게 지목받아 답을 하는 경우를 제외하고는 아예 발언을 할 수가 없었다. 무슨 말을 하든지 자기에게 허락받지 않고 의견을 이야기하는 것에 이 부장은 엄청나게 화를 냈기 때문이다.

그로부터 2주 후 대형 고객사 한 곳과 이 부장의 미팅이 잡혔고, 김 대리는 미팅 시 당사 입장에서의 주요 이슈 사항 및 논의 시 주의 사항에 대한 보고서를 만들어서 이 부장에게 보고했다. 이 부장은 딱 한마디만 했다.

"니가 그 고객들 만나 봤어? 안 만나봤지? 모르면 나서지 말라고. 꼭 능력 없는 것들이 나서요. 난 수도 없이 많은 고객을 만나 봤으니 그냥 내가 잘 알아서 할게."

김 대리가 그 고객사에 직접 가 본 적은 없었지만, 수없이 많은 문제가 터졌던 고객사라 영업 기획일을 하면서 문제 가능성과 대응 전략에 대해 충분히 알고 있는 상태였다. 그리고 무엇보다 그 고객사를 담당하는 박 차장이 연차만 차장이지 굉장히 무능력했기 때문에 그전부터 사실상 이전 영업 팀장과 김 대리가 관리하던 고객사나 마찬가지였다.

그런데 이 부장은 이 모든 걸 무시하고 그냥 미팅에 갔고, 평소 이 부장 특유의 장담하는 말투로 이야기하다가 고객에게 싫은 소리를 엄청 듣고 오게 됐다. 그다음 날 이 부장은 출근하자마자 김 대리를 자리로 불러서 사무실이 쩌렁쩌렁할 정도로 혼을 내기 시작했다.

"야, 김 대리! 넌 기획인데 새 팀장이 고객 만나러 가면 그동안의 히스토리가 뭐라는 걸 알려 줘야지!"

"어제 보고서에…"

"이 새끼 웃기는 새끼네. 야! 그렇게 중요하고 문제가 많은 고객사인

데 보고서 달랑 한 장 주고 내가 알아서 배우라고? 그럼 넌 월급 왜 받냐? 넌 뭐하는 놈인데?"

"어제 제가 말씀드리려고 했는데… 팀장님께서 중간에 제 이야기를 중단시키셔서…"

"그렇게 내용을 잘 알면 날 붙잡고라도 이야기를 해야지! 말 좀 잘랐다고 보고를 안 해? 그나마 나 정도 되니까 대처했지 너 때문에 미팅 완전히 망칠 뻔 했잖아! 너 회사 그만두면 먹고살 거 있어? 아니면 일 똑바로 해!"

그다음 주에는 최 과장 담당 고객사와 미팅이 있었고, 유사한 문제가 반복되기 시작했다. 이번에는 김 대리도 끝까지 주의 사항을 전달했지만, 이 부장은 이번에도 "알았어, 알았어" 하면서 한 귀로 듣고 한 귀로 흘려, 결국 고객사에서 싫은 소리가 나왔다. 다음 날 아침엔 김 대리와 최 과장을 불러 다시 혼을 내기 시작했다.

"이 새끼들이 단체로 팀장 새로 왔다고 물먹이려는 거야 뭐야? 나 임원 승진 못하게 하려고 니들 단체로 짰냐? 내가 여기까지 올려고 얼마나 고생한지 알아? 나 같은 능력자가 임원 승진 못하면 회사에도 손해야! 니들 모두 회사에 손해 입히면 보상할 거야? 꼭 찌질한 것들이 윗사람 희한하게 괴롭힌다니까. 니들 같은 애들에게 책임을 맡긴 거 보면 이전 팀장도 진짜 무능력하다."

발령 후 한 달이 지났을 때, 대표가 이 부장에게 3일 뒤에 영업 상황을 보고하라고 지시했다. 이 부장은 그 즉시 전 부서원을 모두 회의실에 모아 놓고 보고서에 매달리게 했다. 얼마 후 김 대리는 보고서 초안을 제출했지만, 이 부장은 제대로 읽지도 않고 면박과 함께 퇴짜를 놔서 보고서를 수십 번 수정했다. 그 사이 보고서 작성과 상관없는 직원들이 외근을 나가려고 하자 "팀장에 대한 존경심도 없고, 충성심도 없는 새끼들. 나니까 니들 욕 먹지 말라고 보고서 하나에 이렇게까지 열심히 하는 거야. 이게 얼마나 중요한지 아는 놈이 하나도 없냐!"라고 욕을 하기 시작했다.

그렇게 3일 내내 직원들을 갈군 후 마지막 시점에 선택한 보고서는 맨 처음 김 대리가 작성한 보고서 초안과 내용이 똑같았다. 이 부장이 보고를 위해 대표 방에 들어간 동안 김 대리는 회사를 다닌 지 7년 만에 처음으로 진지하게 퇴사를 고민하기 시작했다.

회사 생활 최악의 빌런을 우리는 '꼰대'라고 부릅니다. 직장인들이 묘사하는 꼰대는 대체로 40대 중반~50대 초반의 차부장들인 것 같습니다.

한 취업 사이트에서 꼰대에 대한 설문 조사를 했는데, 꼰대가 자주 내뱉는 말들은 다음과 같다고 합니다.[2]

"내 말대로 해!" 답정너 스타일
"까라면 까!" 상명하복 스타일
"내가 해봐서 아는데" 전지전능 스타일
"너가 이해해라" 무배려, 무매너 스타일
"너 미쳤어?" 분노 조절 장애 스타일

회사에서뿐만 아니라 어떤 상황에서건 이런 식으로 말하는 사람과는 정말 말을 섞기도 싫습니다. 하지만 월급에 매인 인생이니 어쩔 수 없다는 게 참 슬픈 현실입니다.

철저하게 자기중심적이고, 타인의 상처나 어려움에 대해서는 아예 관심 없고, 문제가 생기면 모두 남 탓으로 돌리면서 자기가 이 회사에서 가장 중요한 인재인 것처럼 떠들어대는 사람들.

이 자기중심적 꼰대들은 도대체 왜 그럴까요? 대처 방법은 있을까요?

1 자기 과신과 권위주의적 태도

'내가 옳다, 내가 경험한 것이 많다, 내가 더 잘 안다' 같은 식의 '나' 중심적 사고와 함께 '내가 너보다 더 우월하다'라는 생각이 자기중심적 꼰대들의 기저에 깔려 있습니다. 물론 경험과 연륜이 많은 사람은 어느 정도의 우월감을 가질 수도 있고, 조직 내에서 권한이 많기 때문에 그럴 의도가 아닌데도 강압적이게 비춰질 수 있습니다. 다만 이걸 감안한다 해도 자기중심적 꼰대들은 훨씬 강한 권위주의적 태도를 내보입니다. 정도가 심한 사람들은 스스로를 거의 '귀족'같이 생각하면서 부하 직원들을 하층민처럼 인식합니다. 단순히 자기가 좀 더 잘 안다 수준이 아니라 사람들을 계급별로 나누고, 자기는 그 정점에 있다고 여기는 마음이 순간순간 보입니다.

당연히 언제나 권위주의적 상명하복을 요구하고, 공식적인 위계만 인정합니다. 더 웃긴 건 윗사람에 대해서는 권위를 잘 인정하지 않습니다. 윗사람과 미팅할 때는 머리라도 조아리는 태도를 보이지만, 미팅이 끝나고 나오면 윗사람 욕을 엄청 합니다. 주로 '윗사람이 돼서 무능하기 짝이 없다'는 식의 '능력 부족'에 대한 언급을 하고, 자기는 대단히 유능하기 때문에 저런 무능력자들 밑에서 일하는 게 회사의 문제다는 식의 코멘트를 꼭 같이 붙입니다.

② 자기와 자기 일에 대한 상대방의 존경 강요

'내가 더 중요한 일을 하고 있다' 혹은 '내가 해봐서 아는데' 같은 표현들에서 느껴지는 것처럼 자기 자신에 대한 과신과 함께 자기는 위대한 일을 하고 있으니 너희가 그걸 인정하고 찬양해야 한다는 태도가 계속 나타납니다. 한두 번 일을 잘할 수도 있고, 또 진짜로 회사의 다른 사람보다 중요한 일을 하고 있을 수도 있지만, 그걸 꼭 주변 사람들이 명시적으로 인정해 줘야 할 필요가 있을까요?

독재 국가도 아닌데 이들은 자기가 하는 일이 얼마나 중요한지, 내가 얼마나 중요한 사람인지를 떠들어 대고, 여기저기 알리고, 그걸 찬양하지 않는 사람은 반역자 취급을 합니다. 그래서 마지못해 찬양해 주면 만족하고 그만해야 하는데 계속 요구합니다. 입에 "지금 내가 하는 일이 얼마나 중요한 일이지 너는 몰라서 그래!"를 달고 삽니다.

③ 타인에 대한 공감이 없고, 타인을 냉혹하게 이용

자기중심적 꼰대들은 자기의 잇속이나 욕구를 챙기는 것엔 황당할 정도로 철저하고 집요하지만, 반대편에서 그걸 감수해야 하는 사람에게는 무신경합니다. 단순히 무신경한 정도가 아니라, 약간의 틈새라도 보이면 사람을 철저하게 이용하려고 준비된 사람들입니다.

기본적으로 사람과 사람 사이에는 공감과 공유, 연민과 인정 같은 것들은 없다고 생각하며, 철저한 경쟁과 상호 간의 기회주의적 이용만 있다고 생각합니다. 아주 작은 약점이라도 눈에 띄고, 자기에게 유리하게 이용할 수 있다고 생각하면 당하는 사람 입장은 전혀 생각하지 않고 그저 상처를 후벼 팝니다. 그리고 그걸 이용해 자기의 잇속이나 욕구를 충족시키죠.

이럴 때 보면 '저 인간은 어떻게 저렇게 뻔뻔하냐?' 혹은 '저 인간은 정말 미친 것 같다'는 말이 절로 나옵니다. 이걸 당하는 부서원은 단순히 짜증 난다의 수준이 아니라 자존감의 상처를 입고, 자기의 능력을 의심하게 되고, 결국 퇴사하게 됩니다.

이렇게 공격적이지 않더라도 부하 직원에게 꼰대의 치어리더 역할을 하게 합니다. 직원에게 힘든 일이 생겨도 그것은 자기 문제가 아니고, 내 기분이 훨씬 더 중요하기 때문입니다. 게다가 자기중심적 꼰대들은 사람을 잘 부립니다. 그 수준이 당하는 사람의 인생이 망가지는 느낌이 들 정도로 부립니다. 사이코패스보다 더 했으면 더 했지 덜 하지는 않다는 생각이 들 정도입니다. 자기가 고통을 주고 있는 사람의 마음을 헤아리지 못하는 것이 사이코패스라면 자기중심적 꼰대들은 아예 관심이 없어서 고통을 주는 겁니다. 자기보다 하등한 사람이라고 생각하기 때문입니다.

다만 좀 더 생각해 봐야 하는 건, 대부분의 사람이 이런 성향의 기질을 자연적으로 가지고 있는데, 환자 수준으로 아주 심각한 사람들은 전체 인구의 0.5~1%로 상당히 적다는 사실입니다. 그렇지만 이런 상사는 어느 회사에나 꼭 한두 명씩은 있습니다. 도무지 1%라는 숫자는 받아들이기 어렵습니다. 그래서 타고난 꼰대가 아닌 '꼰대로 만들어진' 사람을 생각해 볼 필요가 있습니다.

꼰대로 태어난 사람은 소수이고, 나머지는 원래 꼰대는 아니었는데 차츰 꼰대스러운 사람이 됐다는 겁니다. 결국 그 사회의 문화나 시스템 그리고 권력 구조 등에 의해 꼰대스럽게 사는 게 생존과 자기 발전에 유리했다는 뜻입니다. 꼰대 전략이 만약 불리했다면 지금처럼 유난히 많게 느껴질 이유가 없습니다. 분명 유리한 지점이 있었으니 퍼진 것이고, 우리 사회는 꼰대 전략에 유리한 토양을 제공했다는 뜻이 됩니다.

타고난 꼰대라면 앞에 권력자가 있건 없건 어느 경우에도 꼰대여야 합니다. 그들의 두뇌가 처음부터 그렇게 되어 있으니까요. 하지만 꼰대스러운 사람들은 자기가 권력을 쥐었거나 유리할 때만 그런 성향을 드러냅니다. 기회주의적 속성 때문에 그렇게 살아왔다는 거죠.

이런 사람들은 권력이 사라지면 잘나가던 꼰대에서 갑자기 비굴한 사람으로 탈바꿈합니다. 어떤 면에서는 안타까운 인생인 거죠. 자기의 실력이나 업적, 역량 등을 가지고 살아온 것이 아니라 권력의 껍데기 속에서 기생해 온 것이니까요.

그럼, 세상에서는 차고 넘치며, 회사에서는 더 많은 자기중심적 꼰대에게 어떻게 대처해야 할까요?

① 최대한 신경 쓰지 말고 자기 일에 집중하세요

자기중심적 꼰대들은 자기가 중심이 될 수 있도록 흩어져 있는 직원들의 집중을 지속적으로 분산시킬 것입니다. 그때 어떤 핑계를 대서라도 같이 놀아주기 보다는 일에 집중하세요.

맞장구 한 번 정도 쳐주고 그다음에 머리를 화면에 집어넣든지, 계산기에 매달리든지 아니면 서류에 얼굴을 묻으세요. 일 핑계를 대면서 피해야 합니다.

② 맞서지 마세요

자기중심적 꼰대 성격은 타고난 것이든 기회주의적 속성 때문에 권력을 통해 습득된 것이든 나의 상사라면 맞서 싸우지 말아야 합니다. 이 사람들은 보복하는 데 천재적인 재능과 열정이 있습니다. '자기는 위대하다'고 믿는 성향이 특히 강한 꼰대라면 공개된 자리에서 이들에게 반기를 들지 않는 게 좋습니다. 때려치울 작정이라 해도 회사를 떠나는 그날까지 괴롭힐 겁니다.

자기중심적 꼰대에게 인상을 쓰거나 목소리를 높이는 것도 전혀 해결책이 되지 못합니다. 억울한 상황이 생겨서 대답을 해봐야 전혀 효과가 없고, 그 사람의 비루한 본성만 몸으로 겪게 됩니다. 우회 전술이 그나마 낫습니다.

③ 어차피 고쳐지지 않으니 계속 그럴 거라 예상하세요

자기가 월등하다고 끊임없이 주장할 것이고, 타인을 비하할 것이고, 권위주의적일 것이며, 냉혹하게 사람의 약점을 파고들 겁니다. 사람을 주무르는 게 이 사람들의 아주 큰 특징이거든요. 그걸 예상하고 있어야 합니다.

순간순간 마음속에서 분노가 끓어오를 테지만 자기중심적 꼰대들은 절대 바뀌지 않습니다. 두뇌 구조 때문이든 권력의 힘 때문이든 바뀌지 않으니 내가 화를 내지 않고 평상심을 최대한 유지하려는 마음가짐이 중요합니다.

💬4 어차피 알아듣지 못하니 힘들다고 하소연 하지 마세요

내가 자기중심적 꼰대 때문에 힘들다고 지친 표정으로 진솔하게 이야기해 봐야 한 귀로 듣고 한 귀로 흘립니다. 더 심하면 '내가 더 힘든데 너가 부하 직원으로 상관을 위로해야 하는 거 아니냐?'라고 할 겁니다.

솔직하게 이야기하는 게 안 통하니 시도하지 마세요. 입만 아프고, 불만 있다는 걸 전달하는 효과밖에 없습니다.

💬5 상황의 변화에 노력하면 조금 낫습니다

말단 사원인데 부장이 꼰대라면 답은 없습니다. 하지만 그 중간에 말이 통하는 합리적인 성격의 중간 관리자가 있거나 의견을 경청해 주는 임원이 있다면 우회적인 방법을 통해 자기중심적인 꼰대들의 기질을 조금은 조절해 볼 수 있습니다. 특히 타고난 꼰대가 아닌 기회주의자라면 권력 앞에 비굴해지니까요. 물론 이 이야기를 권력자에게 퍼뜨린 발설자를 찾느라 길길이 날뛸 테지만, 그냥 맥놓고 당하기만 할 수는 없으니까요.

어쩐지 '답이 없다'는 한마디를 장황하게 나열한 것 같은 느낌이 많이 들지만, 실제로도 답은 많지 않습니다. 정도가 심하지 않은 사람은 그래도 시간이 지나면 이해할 구석도 생기고, 가끔은 받아들여 줄 마음도 들 수 있습니다. 게다가 권력이 줄어들면 불쌍하게 보일 수도 있습니다. 하지만 중증인 사람은 어떻게 해도 안 됩니다. 우회적인 방법을 계속 생각해 보고, 무엇보다 잊지 말아야 하는 건, 이런 상황에서 힘든 건 나의 잘못이나 능력 부족이 아니라 자기중심적 꼰대들이 문제 그 자체라는 점입니다.

 자기중심적 꼰대의 특성과 대응책

특성
· 자기 과신과 권위주의적 태도를 보인다.
· 자기와 자기 일에 대한 상대방의 존경을 강요한다.
· 타인에 대한 공감이 없고, 오히려 타인을 냉혹하게 이용한다.

대응책
· 최대한 신경 쓰지 말고 자기 일에 집중해야 한다.
· 맞서거나 설득하면 안 된다.
· 고쳐지지 않으니 계속 그럴 것이라 생각해야 한다.
· 힘들다고 하소연하면 안 된다.
· 사람보다 상황을 변화시킬 방법을 찾아야 한다.

분노 폭발형 상사

가족이 함께 경영하는 회사에 다니고 있는 김 주임은 사장의 아내,
즉 사모가 임원으로 온 뒤부터 작은 것에 깜짝깜짝 놀라고, 회사만
생각하면 심장이 뛰고 식은 땀이 나는 습관이 생겼다. 회사 생각을
하다가 갑자기 그 자리에서 멈춰 눈물을 흘리는 경우까지 겪게 됐다.
김 주임은 이 회사에서 거의 10년을 일해 왔다. 작은 회사의 경리 직원으로 입사해 제조와 영업을 제외한 내부 살림살이 일을 거의 다 처리해 왔고, 비록 작은 회사여서 진급이니 연봉 상승이 체계적이지는 않지만, 따뜻한 성품의 사장과 서로 챙겨 주는 직원들 사이에서 행복하게 일해 왔다.

이런 팀워크의 결실을 맺어 2~3년 전부터 회사 규모가 커지고, 수익도 늘어나기 시작했다. 다른 회사에서 회계 업무를 한다고 알려졌던 사모가 회사에 나타난 것도 회사 규모가 커지면서 관리 업무량이 늘어났기 때문이다. 그녀가 출근하기 전 사장은 전 직원을 모아 놓고 사모에 대해 설명하면서 '조금 내성적이고, 약간 감정적일 때가 있지만 똑똑하고 좋은 사람'이라고 이야기했다. 김 주임도 사장의 성격과 유사한 착한 사람일 것이라고 기대했고, 실제로 조금 차갑지만 차분한 사람으로 보였다.

출근하기 시작한 지 일주일가량 되던 어느 날, 사장과 주요 직원들이 외근을 나간 날이었고, 사모는 회계사와 통화 중이었다. 그런데 무언가 회계사가 짜증나는 말을 했는지 사모의 목소리가 커지면서 갑자기 전화기에 대고 고래고래 소리를 지르기 시작했다.

"아이씨! 야, 이 새끼야. 너 그따위로 일할 거면 우리랑 하지마!"

그녀는 그대로 전화를 끊어 버렸다. 아무리 외부 업체라고 하지만 지난 10여 년간 쭉 같이 해 온 회계사에게 너무도 충격적인 말을 뱉었기 때문에 사무실에 있던 직원들 모두가 멍한 표정으로 사모를 쳐다보았다. 주변을 돌아보던 그녀는 울그락불그락한 얼굴을 유지한 채

다시 소리질렀다.

"야 이년들아! 사람 성질내는 것 처음 봐? 왜 쳐다보고 지랄이야. 일들 안 해!"

사무실에 있던 모든 직원의 고개가 순식간에 아래만 쳐다봤다. 사장을 비롯해 그간 근무했던 그 누구도 이렇게 성질을 내며 직원들에게 무례하게 말한 사람은 없었기에 직원 모두의 얼굴은 어쩌할 바를 모르는 표정이었다. 그 길로 사무실 문을 박살 낼 것처럼 닫고 나간 그녀는 두어 시간 뒤 온화한 표정을 지으면서 들어온 후 사과를 했다.

"미안합니다. 아까 그 회계사가 너무 우리를 속이려고 해서 내가 좀 화가 났어요. 이해해 줘요."

그렇지만 그녀는 2~3주마다 도무지 짐작할 수도, 상상할 수도 없는 이유로 미칠 듯이 화를 냈다. 한 번은 김 주임이 올린 결재판을 책상에 내리쳐서 부러뜨린 적도 있었고, 사장과 의견 충돌이 있었던 오후에는 자기 옆자리 직원이 파티션 위에 올려놓은 가족 사진을 집어던져서 사진 액자를 산산조각 낸 적도 있었다.

또 한 번은 화가 머리 끝까지 난 사모를 진정시키기 위해 김 주임이 용기를 내서 "사모님, 조금만 화를 누그러뜨리면 좋겠어요"라고 조용히 말했다가 책상을 꽝꽝 내리치는 소리와 함께 입에 담기 힘든 욕을 십 분이 넘게 들어야 했다. 그녀는 화가 날 때마다 욕을 미친듯이 쏟아냈고, 사무실 문을 꽝 닫고 나갔다. 그러고는 어김없이 두어 시간이 지난 후에 조그마한 간식과 함께 사과하기를 반복했다. 그때뿐이었고, 폭발하는 간격이 차츰 줄어들면서 내근하는 직원들 모두 겁에 질린 표정으로 하루하루 침울해져 갔다.

결국 김 주임은 선임자로 직원들의 힘겨움을 모른 채하기가 너무 어려워, 사모가 다시 폭발한 다음 날 사장에게 조심스럽게 사모의 실태에 대해 이야기를 했다. 사장은 그런 일이 있는지 몰랐다며 너무 미안해 하면서 그녀 대신 사과를 했고, 다시는 그렇게 못하도록 하겠다고 약속도 했다. 하지만 다음 날 김 주임이 출근해서 본 장면은 사모가 김 주임의 컴퓨터를 발로 걷어차며 소리를 지르고 있는 모습이었다.

회사에서 절대 만나고 싶지 않은 사람 중에는 '저 인간 분노 조절 장애다' 싶은 사람들이 있습니다. 회사가 배틀그라운드 같은 게임도 아닌데, 주변 사람들에게 헤드샷을 날려 대는 그 사람. 회사는 전장이 아니고, 팀원들은 적군이 아닙니다. 때문에 일의 결과가 좋지 않거나 부하 직원의 실수 또는 상사에게 질책을 받았다고 해서 과도한 분노를 드러내는 건 용인될 수 없습니다. 도무지 맥락에 맞지 않기 때문에 비난받아야 할 행동입니다.

물론 일이 순조롭지 않을 경우, 책임 있는 사람에게 어느 정도의 질책은 할 수 있고, 그 과정에서 '화가 화를 불러' 목소리를 높일 수도 있지만, 이런 분노 표출이 지속적, 반복적이거나 정도가 너무 지나치면 비난을 받을 일입니다.

최근에는 직장 내 갑질에 이런 분노 폭발 행위가 포함돼 사람들 사이에서 회자되기도 합니다. 그 예가 모 항공사 회장 사모처럼 정도가 너무 심한 경우에는 법적 고발 등이 이뤄지기도 합니다. 하지만 여전히 회사에는 오늘도 분노를 가감 없이 폭발하고 있는 상사가 있습니다. 이들을 분노 폭발형 상사라고 부르겠습니다.

분노 폭발형 상사가
회사에 존재하는 이유는 무엇일까요?

❶ 사회적으로 회사 내 분노 폭발을
용인하거나, 부추긴다

쓸쓸한 이야기지만 상사들이 분노를 마음껏 드러내는 가장 큰 이유가 바로 이것 때문인 것 같습니다. 우리 사회가 분노를 드러내게끔 부추긴다는 것입니다. 언제부터인지는 정확히 모르겠지만, 우리 사회는 오랫동안 직원을 '통제'의 대상으로 여겨 왔습니다.

굳이 미셸 푸코의 이야기를 빌리지 않더라도 통제하는 가장 손쉬운 방법은 '공포'를 학습시켜 '알아서 기게' 만드는 겁니다. 조선 시대 반상의 차별에서 유래한 건지, 일제의 잔혹함에서 유래한 건지 혹은 군사 문화 탓인지 그 근원은 정확히 알 수 없지만 공포를 학습시켜서 말을 듣게 하는 아주 안 좋은 문화가 우리 사회 저변에 분명히 있고, 이것이 기업에도 남아 있는 것입니다.

지금이야 거의 없어졌지만, 2000년대 초반까지도 회사 임원이 직원의 정강이를 걷어찼다거나, 회의 도중에 재떨이를 집어

던졌다는 말을 종종 들을 수 있었습니다. 지금의 40대 후반~50대(회사의 부장~임원급)는 학교에서 일상다반사로 선생님들의 폭력적 체벌을 받았고, 군대에서도 폭력을 당하거나 행사했고, 그 과정을 통해 분노 폭발과 그를 통한 공포의 전달 그리고 그 통제 효과를 학습한 사람들입니다.

폭력적 태도의 문제를 깨닫고 성숙해져서 이런 악습을 벗어난 사람들이 훨씬 많지만, 여전히 적지 않은 수치의 사람들이 이 학습을 그대로 반복하고 있습니다. 그 집단 문화가 분노 폭발을 정당화해왔던 겁니다. 사회적으로 각종 갑질 고발이 이어지고 있는 걸 보면 우리 사회가 조금씩은 전진하고 있는 것 같지만, 그 속도만큼은 참으로 더딘 것 같습니다.

② 사회 전반에 '온정주의'가 여전하다

다른 관점에서는 '처벌보다는 비난이 낫다'는 생각도 이런 경향을 부추기는 것 같습니다. 냉정한 이야기 같지만 실수를 반복하거나 책임져야 할 잘못을 저지른 직원에 대한 가장 정확한 대응은 그 잘못에 비례한 취업 규칙 등에 근거한 공식적인 페널티를 주는 겁니다. 명확하고 고의적인 잘못으로 회사에 손실을 가져왔다면 손해배상을 청구하고, 인사상의 잘못을 저질렀다면 회사를 떠나게 하고, 업무상의 큰 실수거나 반복적인 실수라면 인사고과에 반영하는 등으로 말입니다.

그런데 우리 사회에서는 이런 조치를 '너무 정이 없다, 너무 냉정하다'라고 이야기합니다. 이처럼 공식적으로 처리하기 보다는 욕하고, 비난하고, 망신 주는 걸로 대신하면서 은근슬쩍 넘어가는 '온정주의'가 남아 있는 것도 회사에 분노 폭발이 존재하는 이유 중 하나가 아닐까 싶습니다.

미국인들과 일을 해 보면, 그들은 직원이 잘못하는 경우 아주 좋은 얼굴과 좋은 말투로 이야기합니다. 상사가 분노를 드러내는 경우가 좀처럼 없습니다. 하지만 좋은 표정과 부드러운 태도로 "당신은 이러저러한 잘못을 했으니, 감봉(강등, 해고)입니다"라는 것이죠.

이런 경우에는 잘못된 행동으로 인한 결과와 그에 대한 책임만 존재합니다. 처분 과정도 투명하고 또 업무 외에 인간적인 모멸감도 주지 않기 때문에 더 좋다고 생각하는 사람도 있습니다. 하지만 가까이에서 보면 이 또한 정말 무섭습니다. 좀처럼 감싸주지 않거든요.

잘못된 태도와 행동을 교정하거나 만회하기 위해서는 결국 처벌을 하거나 비난을 하거나 일 테니까요. 우리는 '가족' 같은 분위기를 위해 비난을 하고 화를 내지만 처벌하지는 않는 문화고, 미국은 처벌하는 문화인 셈이죠. 이런 이유로 비난을 하는 상사라면 보통 분노 폭발형 상사처럼 보이게 됩니다.

❸ 기본적인 리더십 교육이 잘 되어 있지 않다

화를 내는 상사 모두를 분노 폭발형 상사라고 부르지는 않습니다. 평소에 직원들과 소통하고, 의견을 반영하며, 권한과 책임을 나눠 주려고 노력했다면 맥락에 맞지 않게 화를 내더라도 팀원들은 최대한 이해해 주려고 합니다(하지만 상사나 책임자로서 직원들에게 화를 내는 건 단 한 번뿐이라도 분명 잘못입니다). 때문에 우리 회사에 분노 폭발형 상사가 많다는 것은 그저 화를 내는 식으로 문제를 푸는 사람이 많다는 뜻이 됩니다. 한마디로 리더십 부족인 거죠.

리더도 사람이기 때문에 화가 날 수도 있고, 직원에게 분노할 수도 있습니다. 하지만 이것이 필요하다 해도 부서의 모든 직원 앞에서 특정 직원에게 화를 내거나, 인격을 모독하거나, 지속적 또는 반복적으로 화를 내는 건 리더로서 본인의 위치와 리더십에 대한 자각이 전혀 없다는 뜻입니다. 때문에 리더십 교육이 끊임없이 이뤄지고, 리더에 대한 다면 평가가 일반화된 초대형 기업에는 분노 폭발형 상사가 예상보다 많지 않습니다. 있더라도 중간 관리자 레벨에 많고, 교육이 완전히 체화될 정도인 임원급이 되면 우아합니다. 이들은 분노가 생기더라도 냉정을 유지합니다. 대신 그에 따른 보복은 확실하죠. 물론 길거리의 깡패가 아닌 냉혹한 킬러 같다고 해야 할까요?

"그럼, 리더십 교육을 잘 받은 사람은 냉혹한 킬러입니까?"라고 반문할 수 있습니다. 요지는 리더의 자기 통제는 반드시 학습과 훈련이 필요하다는 점과 기업들 중에 이에 대한 투자를 별로 안 하고, 리더십으로 사람을 평가, 승진시키지도 않아서 상사들이 상대적으로 투박하고 손쉽게 학습할 수 있는 '분노 터뜨리기 스킬'을 시전하는 게 아닐까 라는 겁니다.

이상은 사회적 특성에 따른 분노 폭발형 상사에 대한 이야기였습니다. 하지만 아무리 외부 환경이 분노를 부추긴다고 해도 자기 감정을 적절히 통제할 줄 아는 상사가 훨씬 많습니다. 단순히 외적 요인 때문에 상사가 분노 폭발형이 되지는 않습니다. 때문에 이들의 개인적인 특성에 대해 생각해볼 필요가 있습니다.

분노 폭발형 상사들은
주로 어떤 특성을 가지고 있을까요?

① 약점 때문에 분노하는 경우

사회의 문화나 기업의 시스템과는 별개로, 개인들 중에는 자신의 의식적, 무의식적 약점을 감추려고 혹은 그 약점을 누군가가 자극했을 때 분노가 폭발하는 사람들이 있습니다. 이들은 특정 조건이 충족되면 폭발합니다. 우리는 이러한 현상을 보고 '콤플렉스가 있다' 또는 '트라우마가 있다'고 말하지만, 사실 이런 명시적 이유가 없어도 폭발하는 경우가 더 많습니다.

당하는 사람 입장에서 이들의 분노 폭발은 도무지 맥락을 알수가 없습니다. 가령, 부부 중 아내의 수입이 남편보다 더 많아서 콤플렉스인 남자는 회사에서 아내와 비슷한 옷을 입은 직원을 보고 갑자기 그 직원의 업무에 대해 말도 안 되게 화를 내는것과 같은 겁니다. 혹은 자기를 갈구던 군대 고참과 비슷하게 생긴 직원이 군대 이야기를 꺼내는 순간 근무 시간에 딴짓한다고화를 내는 것도 비슷한 예시입니다.

당하는 직원은 상사와 아내의 관계를 알지도 못하고, 상사의군대 고참과의 관계도 알지 못하니 황당할 뿐입니다. 대부분의분노 폭발형 상사들은 자기에게 문제가 있고, 심리적 방어쉬가있다는 걸 인지하지도 못합니다. 아마 분노 폭발형 상사와 함께일할 때 가장 황당한 느낌이 드는 경우가 아닐까 싶습니다. 도무지 이유를 알 수가 없으니까요. 다만 이 경우는 지속적, 반복적이기 보다는 간헐적인데 정도가 심할 때가 아닐까 싶습니다.

② 분노 폭발을 즐기는 경우

대부분의 분노 폭발형 상사의 경우는 아니지만, 분노 폭발을자기의 대인 관계 핵심 전략으로 쓰거나, 심지어 즐기는 것처럼보이는 사람들이 있습니다. 정말 옆에서 일하기 무서운 사람들이죠. 이들은 주로 자기의 강함, 우월함, 권력 등을 드러내고 직원들에게 공포를 학습시키기 위해 이 전략을 택하거나 상대가 당황해하고 좌절하는 모습을 즐기기 위해 분노를 폭발시킵니다. '저 인간 진짜 사이코패스 아니야?'라고 생각이 들 정도입니다. 당연히 그들도 포함입니다. 우리 머릿속엔 '사이코패스 = 연쇄살인범'이라는 공식이 지배적이기 때문입니다. 이 정도로 심한 사람은 당연히 극소수입니다. 하지만 그 '성향'을 가진 사람은 생각보다 많고, 특히 냉혹하게 실적을 추구해야 하는 기업의 특성상 임원들의 비율은 일반인들 사이의 비율보다 훨씬 높다는 이야기까지 있습니다. 또 사이코패스 성향이 아니더라도 자기중심적 성향이 아주 강하거나 자기 우월감이 아주 강한 사람들도 사람을 부려 먹기 위해 분노를 자주 사용합니다.

사이코패스 성향을 가진 상사가 분노의 대상자의 감정을 인지하지 못하거나 일부러 인지하지 않는다면, 자기 우월감이 아주 큰 분노 폭발형 상사는 그 감정을 알고 있기 때문에 오히려 '이용해 먹을 기회다'라고 생각합니다. 어찌보면 사이코패스보다 더 나쁜 놈이라고 할 수 있습니다.

어느 쪽이든 당하는 사람은 미칩니다. 그런데 이 부류가 보여주는 분노는 정말 공포스럽기 때문에 사람을 질리기 만듭니다. 상대가 적당히 미친놈이면 화도 나고 맞설 생각도 드는데, 진짜 미친놈이면 그저 도망가고 싶어지는 법입니다.

그렇다면 분노 폭발형 상사에게
우리는 어떻게 대처해야 할까요?

① 나의 자존감 보호가 최우선이다

분명히 내가 업무상으로 실수한 게 있고 그것을 질책하는 상사라면 어쩔 수 없지만, 분노의 이유가 명확하지 않고 반복적, 지속적으로 심하게 분노하며 그 속에서 인격적 모멸감 혹은 감춰진 비웃음이 느껴질 때는 정말 나쁜 놈을 만난 겁니다.

'잘은 모르겠지만, 내가 잘못한 게 있겠지'라는 생각은 절대 하지 마세요.

분노 폭발형 상사는 내가 아니라도 다른 사람에게 똑같이 분노를 폭발시킬 겁니다. 한마디로 자연재해 같은 인간이고, 우연히 내가 그 자연재해의 피해를 당한 겁니다. 태풍이 불고 벼락이 쳤다고 스스로를 깎아내릴 이유는 없습니다.

② 상사의 분노가 나의 분노가 되지 않아야 한다

'종로에서 뺨맞고 한강에서 화풀이 한다'는 말이 바로 이러한 이야기를 두고 하는 말 같습니다. 분노처럼 강렬한 감정은 전염성이 있고, 전염이 반복될수록 정도가 강해지는 경향이 있습니다. 사람이 화를 내다 보면 화가 화를 불러서 더 통제가 안 되는 때가 있습니다. 분노의 전염도 똑같습니다. 때문에 누군가는 이 분노를 끊어 내야 상사의 분노를 감당해야 했던 내가 다치지 않고, 나를 만나는 다른 사람이 다치지 않습니다.

억울하고 납득할 수 없는 이유로 상사의 화를 감당해야 했을 때 우리 속에서도 화가 납니다. 나를 이해해 줄 수 있는 사람과 이야기를 나누든, 일기를 쓰든 무언가 활동적인 것을 하면서 화를 누그러뜨려야 합니다. 중요한 건 그 과정에서 '그 상사가 얼마나 미친놈인지, 얼마나 억울한 상황인지'에 대해 집중하기 보다는 '내 마음의 상태가 현재 어떻구나, 어떤 상처를 입었고, 어떻게 위로해 주면 좋겠다'라는 것에 집중해야 합니다.

참으로 어렵지만, 자기의 마음에만 집중하는 것이 분노 폭발형 상사와 그의 분노에 집중하는 것보다는 조금 도움이 됩니다.

③ 맞서 싸우지도, 피하지도 말고, 상황의 압력을 빼는게 낫다

막상 분노 폭발형 상사가 내 앞에서 길길이 날뛰면 당혹스럽습니다. 특히나 여러 사람이 지켜보는 데서 당하면 정말 미치고 싶죠. 그러다 보면 같이 화를 내며 맞서거나, 무조건 잘못했다고 하면서 빠져나가려고 합니다. 양쪽 다 좋은 전략이 아닙니다. 최선은 그 순간의 압력을 어디론가 빼내는 겁니다.

내가 아는 사람 중에는 자기 상사가 부서원들에게 매일같이 분노를 표출한다고 합니다. 반면 옆 부서 부서장에게는 공손하다는 걸 알고 옆 부서장에게 자기 상사가 분노로 날뛸 때면 전화 한 통 해서 업무 이야기를 해달라고 부탁했다고 합니다. 상사의 분노 폭발 자체를 막을 수는 없었지만 그게 너무 오래 그리고 강하게 지속돼 직원들도 분노하거나 의기소침해지는 걸 피하기 위해서입니다. 분노는 '맥락'에서 이해돼야 합니다. 분노 폭발에 대처하는 방법도 '맥락'을 바꾸는 게 가장 좋은 전략입니다.

🗨 4 흥분하거나, 방어적으로 나오면 안 된다

분노 폭발형 상사와 같이 흥분하거나, 목소리를 높이면 뒷감당이 어렵습니다. 게다가 상사의 분노가 다시 분노를 불러서 일만 더 커집니다. 아무리 강한 분노도 시간이 지나면 누그러집니다. 그렇다고 비굴할 정도로 "예, 예" 하거나 "잘못했습니다"라고 할 필요는 없습니다(실제 잘못한 게 맞다면 사과해야겠지만, 여기서는 분노 폭발형 상사의 맥락 없는 화에 대한 이야기입니다).

입에서 '잘못했다'거나 '죄송하다'는 말이 나가는 순간 분노 폭발형 상사의 행위는 정당성을 얻고, 당연히 했어야 하는 일이 됩니다. 그리고 나는 죄인이 되는 것입니다.

상사의 화와 분노에 찬 이야기를 조용히 들으세요. 당당한 자세를 유지하며 그리고 차분하게 이야기를 시작하는 겁니다. 도저히 냉정 유지를 못하겠으면 그냥 들어주고 마지막에 "알겠습니다"라고만 대답하고 상황 정리를 하면 됩니다. '너의 분노 이유를 알겠다'라는 뜻이 아니고 '너가 화를 내고 있다는 사실을 알겠다'는 뜻이 되어 내 마음에 상처를 조금은 덜 입습니다.

"너 지금 내가 무슨 말 하는지 알아? 내 이야기 인정하는 거야?"

이따위로 계속 상대의 인정을 요구하며 화내는 인간들도 있습니다. 그들에게는 '인정한다, 아니다' 같은 말을 하지 말고, 그 분노와 연결된 객관적 상황이나 숫자에 대해서만 최대한 냉정하게 언급하세요. 절대 인정하는 말투로 말하면 안 됩니다. 일단 한 번 인정하면 그 상사는 앞으로 반복적으로 분노 전략을 쓸 겁니다.

⑤ 상황에 대한 답은 한발 물러서서 생각한다

분노 폭발형 상사가 화를 내며 날뛸 때는 그 상황과 해법에 대해 당장 생각하지 마세요. 그 인간의 분노 때문에 촉발된 나의 분노 해법을 이상하게 변하게 합니다. 대안은 항상 상황이 종료되고 내 마음이 안정된 다음에 생각해도 늦지 않습니다.

뚜렷한 이유 없이 반복적이고, 심하게 분노 폭발을 하는 사람들은 비겁한 사람들이거나 환자입니다. 그리고 분노라는 감정이 참으로 희한해서 순식간에 여러 명을 다치게 합니다. 폭발의 순간에 그 강도를 낮출 수 있는 방법을 찾는 게 당장의 해법입니다. 그리고 그 이후에는 내 마음의 상처 치료를 일순위로 둬야 합니다. 그 인간 때문에 나까지 분노에 휩싸이면 내 주변 사람들까지 힘들어 집니다.

6 정도가 심하면 외부의 도움을 찾아본다

그저 화를 내는 정도라면 어느 정도 참겠지만, 인격 모독적인 발언을 계속한다든지 혹은 물리적인 위협을 한다든지 하면 외부의 도움을 찾아야 합니다.

인생에 이런 일이 생기지 않으면 정말 좋겠지만, 사람이 살아가면서 어떻게 비슷한 일이라도 한 번을 안 겪게 되겠습니까? 일이 끝난 뒤 내 커리어가 어떻게 될까 너무 두려워 말고 주변의 도움을 찾아보세요. 꾹 참고 머리 조아리며 회사 다니는 게 정답만은 아닐 수 있습니다.

분노 폭발형 상사의 분노 폭발 원인과 대응책

분노 폭발 원인

·분노 폭발을 부추기고 용인하는 사회 및 회사 구조와 시스템

·리더십 교육과 훈련이 빈약한 조직 문화

·무의식적인 약점 때문에 폭발

·분노 폭발을 의도적으로 사용하는 성격

대응책

·나의 자존감 보호가 최우선이 되어야 한다

·그 사람의 분노가 나의 분노가 되지 않도록 주의해야 한다.

·상황의 압력을 줄일 방법을 찾아야 한다.

·같이 흥분하거나 방어적으로 대응하지 말아야 한다.

·상황에 대한 해법은 일단 상황 종료 후 고민해야 한다.

·외부의 도움을 구하는 것도 방법이다.

급하면 먼저 퇴근해!
(그리고 두고 보자)

수동 공격형 위선자

지방의 한 공기업에 다니는 최 대리에게 같은 부서의 김 과장은 도무지 이해할 수 없는 사람이었다. 김 과장은 착한 사람이었고, 싫은 일이 생겨도 싫은 내색하지 않았으며, 다른 사람의 힘든 사정에도 동정심이 있는 사람이었다. 지금 부서로 와서 김 과장을 처음 만났을 때도 주위에서 모두 착한 사람이 사수가 돼서 맘 편하고 좋겠다고 말할 정도였다. 하지만 근무 시간에 집중해서 적극적으로 일한 후 정시 퇴근해 자기 시간을 갖고 싶어 하는 최 대리에게 김 과장은 오히려 걸림돌이었다. 착하지만 흐리멍텅했고, 뭐 하나 정확히 시간 맞춰 일을 진행하는 경우가 없었다. 결재나 관련 보고 준비를 빨리 해달라고 요청해도 그저 사람 좋은 표정만 지을 뿐, 일처리는 마냥 늘어졌다. 그래도 초기의 김 과장은 자기 때문에 일이 늦어지면 미안한 표정을 지으며 최 대리에게 먼저 퇴근하라고 했었다. 책임감이 강한 최 대리는 자기가 시작한 일이 마무리되지 않은 채로 퇴근하고 싶지 않아서 김 과장 옆에서 일의 속도를 높일 방법을 계속 생각해 내고 보조 자료를 만들곤 했다. 그러면 김 과장도 일을 빨리 끝내려고 노력하는 것처럼 보였다.

하지만 김 과장은 매일 야근을 했고, 최 대리와 연결된 업무라고 해서 빨리 끝내주는 법이 없었다. 초기에는 늦어도 8시 정도면 끝나던 일이 9시를 넘기기 일쑤였다. 결국 견디다 못한 최 대리가 김 과장에게 너무하신 것 아니냐며 짜증을 냈더니, 그 이후부터는 아예 10시를 넘겨서야 최 대리 업무에 대한 피드백을 주었다. 결코 일이 끝나지 않으면 퇴근하지 않는 성향을 가진 최 대리에게 매번 "급하면 먼저 가"라는 말은 잊지 않고 했다.

최 대리가 도저히 참을 수 없어서 부서 책임자에게 김 과장과 업무를 분리해 주시면 안 되냐고 의견을 제기했지만, 조직 구조상 불가하다는 답변만 돌아왔다. 이 이야기를 건너 들은 직후에도 김 과장은 미안한 표정을 지으면서 "급하면 먼저 가"라고 할 뿐이었다.

그러던 어느 날 최 대리가 개인적으로 중요한 저녁 모임이 있었어 김 과장을 포함해 주변 직원들에게도 단단히 그날은 무조건 정시 퇴근 해야 하니 양해 바란다고 알린 날이 됐다. 오후 5시가 되기도 전에 업무를 끝낸 최 대리는 김 과장의 결재만 받으면 정시 퇴근이었다. 그런 데 갑자기 옆 부서 박 과장이 오더니 김 과장이 외부 미팅 후 사무실로 복귀하다가 계단에서 미끄러져 응급실을 갔다는 이야기를 전했다. 부랴부랴 결재자를 바꾸고, 김 과장의 상태를 전화로 체크한 후 부서장에게 보고하느라 정시 퇴근은커녕 한참 늦어져서야 겨우 퇴근할 수 있었다.

다시 며칠이 지난 후 옆 부서 박 과장이 김 대리를 조용히 불렀다.

"김 과장이 자네가 너무 퇴근 시간에 예민해서 스트레스를 많이 받았나봐. 발목을 다쳐서 응급실을 갔는데, 혈압도 높고 우울증 증상도 있다고 해서 며칠 더 쉬어야 복귀한다고 하네. 요즘 젊은 친구들 퇴근 시간 지키고 싶어 하는 건 아는데, 그래도 윗사람 불편하게 만들면서 까지 퇴근 시간을 지키고 싶어 하는 건 아닌 것 같아서 내가 한마디 하려고 불렀어. 김 과장에게 병문안 갔더니 자네 때문에 그간 마음이 힘들었는데, 그 때문인지 어지럼증이 생겼다는 이야기를 하더군."

이 이야기를 들은 최 대리는 도무지 이해할 수가 없었다. 그간 먼저 퇴근해야 하니 빨리 하라고 명시적으로 채근한 적도 없고, 그저 습관적으로 야근하는 모습도 별로고 일처리 속도도 너무 느려서 자기 혼자 속터져 한 것뿐인데, 이 무슨 황당한 이야기인가? 그리고 윗사람이 돼서 그 정도 이야기는 직접 나에게 하지 왜 상관도 없는 옆 부서 사람을 끌어들인 걸까?

얼마 후 김 과장은 복귀했고, 늘 그랬던 것처럼 다시 야근을 했다. 결재를 기다리던 최 대리는 옆에서 마냥 앉아 있기 힘들고, 박 과장에게 들은 이야기도 있어서 아예 밖에 나가서 저녁을 먹고 다시 사무실로 복귀했다. 사무실로 돌아오는 길에 복도 유리창에서 본 김 과장의 컴퓨터 화면에는 업무용 프로그램 화면이 아닌 온라인 바둑이 떠 있었다.

지위와 권력이 있는 사람을 상대로 맞서 싸우기는 쉽지 않습니다. 싸우기는커녕, 무엇이 어떻게 잘못됐고, 어떻게 해결할지를 소통하는 것조차 어렵습니다. 그래서 왕창 깨지고 나면 뭔가 소심한 복수를 하고 싶기도 합니다. 사춘기 시절 엄마의 잔소리에 방문을 꽝 닫고 들어가 버린다든지, 상사에게 필요한 자료를 일부러(또는 무의식적으로) 슬쩍 치워버리고 모른 척을 한다든지 하는 식으로 말이죠.

이렇게 자기의 분노나 짜증을 직접 드러내지 못하고 돌려서 상대를 공격하는 것을 '수동 공격(Passive aggression)'이라고 합니다. 보통 자기의 감정을 직접 드러내기 어려운 약자나 부하직원이 소심하게 복수하기 위해 취하는 전략입니다. 힘센 사람과 맞서기는 무서운데 그냥은 못 넘어가겠으니 약자가 취하는 전략으로는 충분히 이해가 됩니다.

사회 초년생 시절, 저도 상사에게 뭔가 부당한 일로 깨진 적이 있어, 너무 억울해 눈물이 찔끔 날 정도였습니다. 그리고 다음 날 공교롭게도 출근길에 교통사고를 당한 거죠. 당연히 치료 때문에 그날은 하루 종일 업무를 제대로 하지 못했습니다. 그때 제 상사는 제게 "괜찮냐?"는 한마디는커녕, 제가 조심성 없이 사고를 당하는 바람에 업무가 본인에게 몰렸다고 핀잔을 줬습니다. 제가 일부러 차에 뛰어든 것도 아니고 파란불에 횡단보도를 건너는데 차가 와서 날 치는데 어쩌라고.

이 사건 후에도 상사 때문에 속에 열불이 났던 날은 묘하게도 어딘가 다치거나 사고가 나는 경우가 많았던 것 같습니다. 자전거를 타다가 미끄러지거나 계단에서 넘어지거나 등. 지금 생각해 보니 무의식중에 상사에 대한 수동 공격을 제 몸으로 하고 있었던 것 같습니다. 마치 사춘기 중학생이 밥 안 먹어!(실제로는 배가 너무 고프지만) 하는 것과 유사한 행동을 제가 무의식중에 하고 있었던 겁니다.

이렇듯 수동 공격은 화나게 만든 사람에게 하는 의식적, 무의식적 작은 복수를 의미합니다. 그런데 이 수동 공격을 부하 직원들에게 사용하는 상사들이 있습니다.

'아니, 자기가 상사면서 왜 수동 공격을 해?'라며 의아해 할 수도 있지만, 실제로 꽤 사례가 많습니다.

그럼, 부하 직원에게 수동 공격을 하는 상사들, 뒤끝 충만인 수동 공격형 위선자에 대해 이야기해 봅시다.

과연 수동 공격형 위선자는 어떤 사람들일까요?

① 자리에 비해 역량이 부족한 사람들

상사는 직원에게 문제가 있거나 일의 진행이 제대로 되지 않을 때 그 직위가 주는 힘이 있기 때문에 많은 행동을 취할 수 있습니다. 문제 직원을 불러서 혼낼 수도 있고, 회의 때 화를 낼 수도 있고, 심하게는 전체 직원 앞에서 망신을 주거나, 인사고과 등에 반영해서 페널티를 줄 수도 있습니다. 이런 방법이 적절하고 아니고를 떠나서 직위가 있기 때문에 문제 상황에 대한 직접적 대응이 가능한 겁니다.

그런데 단순히 '자리'가 만들어 주는 권위에만 의존해 직원들에게 싫은 소리를 하는 건 한두 번이면 몰라도 잘 안 먹힙니다. 특히 능력이 있거나 자존심이 센 직원에게는 약발이 떨어지죠. 상사라고 해도 자리에 어울리는 실력과 역량이 있어야 말발이 섭니다. 수동 공격형 위선자는 자리에 어울리는 실력이 없어서 직원들에게 직접적으로 문제 제기를 하지 못하는 경우에 가장 흔하게 나타납니다.

② 불안도가 높은 사람들

역량이 부족한 모든 상사가 수동 공격을 일삼아 시전하지는 않습니다. 수동 공격형 위선자 상사에게는 기본적으로 불안이 많습니다. 성격적으로 불안이 높다는 것은 평소 모습에서 감정의 기복이 크고, 태도의 변화도 크며, 자기중심적인 성향이 강한 모습 등에서 확인 가능합니다. 세상이 자기중심으로 돌아가고, 사람들의 관심이 자기에게 쏠려야 마음이 편안해지는데, 현실은 그렇지 못하기 때문에 불안이 높아지는 것입니다. 그것을 외부에 대한 공격으로 푸는 거죠.

타인을 대하는 태도나 스트레스에 대처하는 모습을 보면 주로 '부정(Denial), 회피, 책임 전가' 같은 식으로 문제에 직접 대면하지 못하는 특징을 보입니다. 정신적으로 미성숙한 겁니다.

일시적, 일상적인 불안이 아닌 문제가 될 정도의 불안을 가진 사람들이 대략 전체 인구의 18% 내외라고 합니다.[3] 이들 상당수는 앞서 설명한 정서적 미성숙 혹은 사회적 지위와 역량의 불일치 등으로 비교적 눈에 잘 보입니다.

이런 미성숙 불안과는 다르지만 역시 수동 공격을 시전하는 사람 중에는 소위 '고기능 불안'이라고 불리는, 평소에 불안과 관련된 문제로는 잘 인식되지 않는 사람들도 꽤 있습니다.

이들은 일도 잘하고, 실행과 추진 능력도 좋고, 적극적이며, 디테일한 내용도 잘 챙깁니다. 다른 사람에게 친절하기도 합니다. 자세히 보기 전까지는 이런 사람에게 불안이 존재할까 싶을 정도로 일도 잘합니다. 하지만 내면에서는 수없이 불안과 공포가 교차하고, 사회적 지위와 위상을 유지하기 위해 아등바등하죠. 사람들과 눈을 맞추지 않기도 하고, 거절을 잘 못하기도 합니다. 이런 사람들이 불안이나 타인에 대한 불만이 자기 내면에 못 견딜 수준으로 쌓이게 되면 타인을 공격하기 시작합니다. 다만 타인에게도 항상 좋은 사람으로 인식돼야 하기 때문에 직접적으로 공격하지 못하고 돌려서 공격을 합니다.

부하 직원이 부탁한 일을 잊어버리고 처리해 주지 않거나, 휴가 중인 직원만 처리할 수 있는 일을 (무의식중에) 만들고 처리를 부탁해서 그 직원이 결국 쉬는 것도 아니고 일하는 것도 아닌 상태로 만듭니다. 새로운 부서원을 뽑는데 부서에서 필요한 사람이 아닌 뭔가 다른 사람을 뽑아서 부서원 전체를 당황하게 만들고, 결재할 것 많은 날 갑자기 고객 약속이 많다고 외근해서 결국 팀원들 전부 결재를 기다리면서 야근하게 만듭니다. 중요한 결정을 해야 하는 날은 갑자기 심각하게 아프거나 결근을 하는 등. 분명 대놓고 욕을 할 수는 없지만, 뭔가 부서원들을 계속 불편하거나 짜증 나게 합니다.

이런 사람들은 사람으로서는 분명 좋은 사람인 건 맞지만, '상사로서의 신뢰성'이 떨어지기 때문에 부하 직원 입장에서는 좋은 리더로 인정하기 어렵습니다. 아무튼 사람이 좋다고 수동 공격을 하지 않는다는 보장은 없고, 그런 경우에는 고기능 불안이 꽤 있습니다.

❸ 질투와 공격 성향이 높은 사람들

수동 공격형 위선자 상사의 세 번째 주요한 특징은 질투와 공격 성향이 높다는 겁니다. 이들 중 상당수는 문제가 생기면 일차적으로 자기를 공격(몸이 아프다거나, 사고가 난다거나, 뭔가 중요한 것을 잊어버리는 식)해서 결과적으로 대상자가 되는 부하 직원을 공격하지만, 질투와 공격 성향이 높은 상사들은 좀 더 노골적인 수동 공격을 자행합니다. 대표적인 행태는 부하 직원의 말을 이해하지 못한 척하거나, 처음 듣는 척하는 것입니다.

직원의 중요한 제안에 대해 일언반구도 안 하고 있다가 직원이 없는 자리에서 그 직원이 제안한 것과 반대되는 결론을 갑자기 내려버립니다. 그러고는 "아, 저번에 이야기한 게 난 반대로 결론난 줄 알았지, 미안해. 그런데 어떻게 하지? 이미 결정 나서 되돌릴 수가 없는데?" 혹은 "진작에 지금처럼 말하지 그랬어? 저번에 이야기한 건 다른 사안인 줄 알았는데?" 같은 식이죠. 분명 사전 미팅에서 협의했음에도 말이죠.

이런 공격을 받는 대상은 대체로 일을 잘하거나, 부서에서 중심이 되는 부하 직원인 경우가 많습니다. 수동 공격형 위선자 상사들은 기본적으로 불안이 높고, 사람과의 평등한 관계를 어려워합니다. 때문에 부하 직원 중에서 자기의 자리, 위상, 평판 등을 조금이라도 위협할 것 같은 존재가 나타나면 어떻게든 깎아내리려고 합니다.

사이코패스 같은 상사는 대놓고 잠재적 경쟁자를 공격한다면, 수동 공격형 위선자 상사는 불안에서 비롯된 질투를 우회적으로 표출합니다.

예를 들어, 내가 책임지고 있는 일을 나한테는 일언반구도 없이 자기 멋대로 처리하고는 "고생하는 것 같아서 도와주려고 그랬지." 하는데, 정작 일은 엉망진창으로 해 버려서 오히려 수습하느라 더 힘든 경우를 계속해서 만들어 내는 거죠. 다만 이런 것은 그 상사의 의식 속에 있는 행위("저 놈 골탕 먹여야지")라기보다는 무의식속에 있는 행위("바빠 보이는데 내가 도와주지"라고 말하는데 실제 무의식엔 골탕 먹이겠다는 의지가 숨어 있는 경우)가 훨씬 많아서 당하는 부하 직원은 속이 터지지만 대응하기 어려운 경우가 많습니다.

한마디로 화는 나지만 거기다 대고 뭐라 하면 나만 이상한 사람이 되는 경우죠.

❹ 문제를 직시하지 않는 사람들

수동 공격을 한다는 뜻은 결국 문제를 대면하지 않고 회피한다는 뜻입니다. 대면할 용기나 자신감이 없기 때문일 수도 있고, 어렸을 때부터 자꾸 피하는 습관이 있었기 때문일 수도 있습니다. 어느 쪽이든 수동 공격형 위선자들의 문제가 조금만 불거지면 그것을 피하거나 애써 무시하는 행태로 일을 해왔기 때문에 문제 상황 그 자체를 직시하지 못합니다. 일 좀 한다 싶은 부하 직원이 의견을 제시하면 그 의견 자체를 검토하는 것이 아니라 '지가 뭔데 나한테 이래라저래라야'라는 생각으로 문제의 해결보다는 개인에게 반감을 갖습니다. 상황을 직시해서 적절한 대안을 찾는 것은 굉장히 많은 정신적 힘이 필요합니다. 부하 직원에게까지 수동 공격을 시도할 정도로 빈약한 정신 세계를 가진 상사들은 이럴 힘이 없습니다. 그러니 문제 해결은 하지 않고 그걸 지적하거나 대안을 제시하는 사람에게 불안과 질투만을 표출하는 것입니다.

그럼, 수동 공격에는 어떤 패턴이 있을까요?

앞에서 예시를 들었지만, 수동 공격이라는 것 자체가 은밀하고 파악하기가 쉽지 않아서 공격을 당한 사람도 자신이 공격을 당했다고 인지하기 보다는 '운이 나쁘다' 혹은 '부서 일이 꼬여 간다' 정도로만 생각하는 경우가 대부분입니다. 그러다 횟수가 반복되고, 문제가 통제할 수 없을 정도로 커지면 그때야 알게 됩니다. 간략한 수동 공격의 행태는 다음과 같습니다.

- 해당 직원과 말을 안 하고 모른 체한다.
- 직원의 말을 이해하지 못한 체하거나, 냉소적으로 대응한다.

- 업무에 대해서는 별말 안 하고 업무와 상관없는 작은 트집을 계속 잡는다.
- 직원이 싫어하는 상황을 만든다.
- 험담을 하고 소문을 만든다.
- 부서 평판을 망가뜨린다.

덧붙여 설명하면, 수동 공격에는 자기를 공격해서 목표가 되는 사람을 힘들게 하는 것도 포함됩니다. 부서 책임자인데 미운 부하 직원이 있을 경우 부하 직원의 실적 보너스나 승진 등의 기회를 막기 위해 자기의 인사 평가나 보너스를 날리게 될지라도 부서 전체의 실적을 망가뜨리는 경우가 있습니다. 쉽게 믿기지 않겠지만 생각보다 많습니다.

더 흔한 경우에는 자신의 리더십 평판이 망가지게 되는 데도 불구하고 타 부서 사람들을 만나는 자리에서 자기 부하 직원들을 계속해서 깎아내리고 험담하는 부서장들도 있습니다. 누워서 침 뱉기인 데도 불구하고 부하 직원에 대한 미운 감정을 통제할 수 없기 때문에 이런 행위를 하는 겁니다.

망망대해에서 배에 구멍을 내면 결국 모두 죽게 되는데, 자기도 죽게 될지언정 부하직원이 성공하는 건 참을 수 없는 거죠. 그렇다고 부하 직원과 1:1로 칼싸움할 자신은 없으니 배에 구멍을 내는 겁니다.

그럼, 수동 공격형 위선자를 어떻게 해야 할까요?

① 수동 공격을 인지하며 지속될 것을 예상하자

앞에서 나열한 조건에 해당하는 상사, 즉, 불안이 높고, 실력과 경험이 부족하며, 질투와 공격 성향이 높은데 문제를 직시하지 않는 상사와 일하고 있다면 이런 형태의 공격이 분명 있을 것이고, 계속될 것이라고 예상하는 것이 문제 해결의 첫 번째 길입니다.

수동 공격형 위선자들은 개별 공격 하나하나의 위험도는 약합니다. 그래서 어느 정도 누적되기 전까지는 공격 당한다는 느낌이 들지 않습니다. 그리고 공격을 당하는 것조차 인식이 안 되는 경우도 많습니다. 오히려 상사의 공격을 눈치채기 보다 "내가 요즘 집중력이 떨어졌나?" 혹은 "내가 역량이 부족한가?"같이 생각하며 자기 자신에서 문제의 원인을 찾으려 합니다.

이런 생각에 젖으면 그저 모든 월급쟁이들이 겪는 것처럼 '회사가 힘들고, 일에 치이다 보니 힘든 걸 거야'라고 생각하고 업무 성과가 낮아지거나 이직을 생각하게 됩니다. 수동 공격형 위선자들의 목표가 달성되는 순간입니다. 따라서 수동 공격형 위선자와 일할 때는 어떤 형태로든 공격이 있을 것이라 예상을 하고 촉각을 세워야 합니다.

수동 공격은 약한 대신 반복적이며, 악의적이고, 무엇보다 아주 오래 지속됩니다. 처음에는 긴가민가하고, 그냥 내 잘못 같다 싶겠지만, 촉수를 잘 세우고 보면 반복되는 패턴이 눈에 들어옵니다. 그렇게 되면 문제의 원흉이 누구인지 알게 됩니다. 대응 방법을 떠올리기는 쉽지 않지만, 공격이 오고 있다는 사실을 인식하게 되고, 반복될 것이라는 예상을 하게 되면 자기 자신에 대한 의심은 접고, 자존감에 상처를 주는 최악의 상황을 막을 수 있습니다.

② 형태가 다양한 것이라 예상하자

수동 공격형 위선자의 예를 몇 개 언급했지만, 은밀하게 진행하고 공격하는 사람이 자기가 공격하고 있다는 사실조차 인지하지 못하는 경우도 많기 때문에 정해진 형태라는 것이 있을 수 없습니다. 각 상황마다 얼마든지 여러 형태가 존재할 수 있다는 겁니다. 대략 다음의 5가지 범주에 해당하는 행동이 반복적으로 보이면 수동 공격이 시작된 것이라 인지하면 됩니다.

- 사람의 존재를 무시하거나 없는 사람처럼 취급하는 행동
- 미묘하게 표현되는 모욕적 언사나 행동
- 부정적이고, 불편하게 만드는 태도와 표정
- 맥락에 맞지 않고, 상대를 불편하게 만드는 고집스러움과 집요함
- 해줘야 할 일을 하지 않거나 이상하게 처리하는 것[4]

3 같은 방식으로 보복하려 하지 말자

대응하는 방식에서 가장 중요한 부분일 것입니다. 같은 방식으로 대응해서는 절대 안 됩니다. 두 가지 이유 때문입니다. 우선 상사는 사실 자기도 모르게 나의 존재에 위협을 느끼고 무의식적으로 대응하고 있는 것일 수 있습니다. 상사의 의식 속에는 자기가 누군가를 공격하고 있다는 생각이 단 1%도 없을 수 있다는 것입니다. 심지어 주변 사람들에게는 나에 대한 칭찬을 하면서 공격을 하고 있을 수도 있습니다.

이런 상황에서 맞대응을 하면 나의 평판만 나빠질 가능성이 매우 큽니다. "저 직원은 이상하게 윗사람에게 삐딱하네?" 혹은 "저 직원은 일처리를 잘한다고 하더니 지금 팀장 밑에서는 일처리가 깔끔하지 못한 걸?" 같은 식으로 말이죠.

다른 이유는 상사가 의식적으로 수동 공격을 하고 있는데 네가 거기에 같은 방식으로 보복하려 하면 상사는 자기의 행동이 정당한 행동이라고 생각할 가능성이 크다는 겁니다. 내가 한 대 때렸더니 상대는 말로 점잖게 나오면 100% 내가 잘못한 것이 되지만, 같이 주먹을 휘두르면 내가 먼저 때렸다는 사실을 잊어버리고 정당방위처럼 인지한다는 거죠. 이런 싸움은 결국 더 큰 보복만 불러오게 되는데, 상사는 그 지위 때문에 무조건 유리합니다. 절대로 맞상대하지 마세요.

🗨️ 4 조언이나 도움을 요청하는 식으로 간접적 문제 상황을 인식하고 있음을 알리자

기분이 상당히 나쁘겠지만, 머리를 아주 약간 조아리고, 문제가 됐던 상황에 대해 조언을 구하는 식으로 요청을 하면 상사의 '자기 우월감'이 치료가 돼서 갑자기 친절해지기도 합니다.

예를 들어, 새로운 업무 처리 방식을 둘러싸고 상사와 의견 갈등이 생겼고, 그 직후부터 수동 공격이 시작됐다면, 시간이 좀 지난 뒤에 상사에게 가서 "저번에 이야기해 주셨던 방안이 제가 생각했던 방식보다 좀 더 효과적인 것 같습니다. 구체적인 실행 방안도 좀 알려주시면 잘 진행시키겠습니다." 같은 말로 접근하는 겁니다. '당신이 문제 삼는 상황이 무엇인지도 알고 있고, 그것에 대해 당신이 우월하다고 인정해 줄 테니 치사한 수동 공격 그만해라'를 우아하게 전달하는 겁니다.

잘 풀리고, 행복한 결론을 얻을 수 있지만, 나의 자존심에 생채기가 좀 나는 방법이기는 합니다. 지금 당장 부서 이동이나 이직 등의 대안을 준비하기 어렵고, 그렇다고 매일매일 냉전처럼 상사와 미묘하게 부딪히는 느낌이 싫다면 이 정도 수준에서 휴전하는 것도 좋은 방법입니다.

수동 공격형 위선자의 특성과 대응책

특성

· 자리에 비해 역량이 부족하다.
· 불안도가 높다.
· 질투와 공격 성향이 높다.
· 문제를 직시하지 않는다.

대응책

· 수동 공격을 인지하고 계속 그럴 것이라 예상하자.
· 형태는 매우 다양하게 나타남을 예상하자.
· 같은 방식으로 대응하지 말자.
· 문제의 상황을 인식하고 있음을 간접적으로 알리자.
· 벗어날 방법을 찾자.

우리 능력은 충분하니
주말 근무도 오케이!

무책임한 예스맨

벌써 몇 주째 제품 개발팀 오 과장은 팀장에게 거의 매일같이 투덜거리고 있다. 최근 몇 달간 경쟁사의 신제품에 대응하는 제품을 급하게 만들어 내느라 제품 개발 팀원들 대부분이 야근과 주말 근무를 밥먹듯 하고 있었다. 때문에 팀원들은 팀장에게 앞으로는 신제품 출시 속도를 조절해야 한다고 강력하게 이야기해 왔었다.

그 사이 직원들을 갈아 넣어 벼락치기로 만들어 낸 경쟁 대응 제품이 그런대로 선방을 했고, 그걸 기념하는 부서 회식 자리에서 팀장은 큰 소리로 팀원들에게 지난 몇 달간 일요일도 제대로 쉬지 못했으니 최소한 향후 몇 달은 신제품 개발 요청도 최소화하도록 할 것이며, 향후 유사한 사례가 또 생기면 이번에는 52시간 근무제에 따라 제대로 야근 수당과 주말 근무 수당을 꼭 챙겨 주겠다는 약속을 했다.

하지만 불과 일주일 후, 마케팅팀과의 하반기 신제품 개발 및 제품 리뉴얼 회의에서 팀장은 기획 및 마케팅팀의 신제품 개발 요청 사항 중 단 하나도 거절하지 못했다. "경쟁 대응 제품을 단 기간 내에 개발하는 걸 보고 개발 팀장의 업무 추진력에 깜짝 놀랐네. 앞으로도 그 속도를 유지해 주게나"라는 마케팅 임원의 한마디에 개발 팀장이 팀원들에게 한 약속도 잊어버리고는 "앞으로 개발 속도를 더 높이겠습니다"라고 큰소리를 덜커덕 내뱉어 버린 것이다.

함께 참석했던 대표이사가 "팀에 야근이나 주말 근무가 좀 있다고 하던데, 지금 속도로 일하면서 효율을 높이면 팀장이 더 능력자로 보일 것 같아"라고 한 말에는 아예 머리가 땅에 닿을 정도로 숙이면서 꼭 그렇게 하겠다고 호언장담을 했다.

팀원들을 더 열받게 한 것은 마케팅팀과 제대로된 협상을 하지 못했다는 것이 아니었다. 넓게 보면 회사 전체의 제품 개발 속도를 높여서 경쟁력을 높이자는 것이니 이에 개발 팀원들이 반대할 이유는 없었다.

하지만 마케팅팀의 요구를 그대로 가지고 온 팀장이 팀원들에게 "우리가 그동안 일을 너무 느슨하게 해 왔던 것이지, 우리 능력은 충분하니 야근 같은 것은 하지 않고도 할 수 있겠지?"라고 회식 후 불과 며칠도 되지 않아서 당당하게 말한다는 사실에 팀원들은 너무 어처구니가 없었다. 몇 달 동안 집에 못 가고 일한 수고는 어디 가고 우리가 느슨하게 일했다니….

그 뒤로 이어진 팀장의 말은 더 가관이었다. 그는 우리가 효율이 높다는 걸 증명하기 위해 앞으로 야근도 주말 근무도 하지 말고, 그것을 증명하기 위해 야근 수당과 휴일 근무 수당은 신청하지도, 받지도 말자는 것이었다.

결국 하반기 일정도 상반기처럼 연속되는 야근과 주말 근무가 계속됐고, 게다가 상반기보다도 야근이나 주말 근무 수당 신청을 하기가 어려운 상태에서 일을 해야 했다.

3개월 동안 연속해서 주말 근무를 한 직원 한 명이 출근길에 쓰러져서 응급실에 실려간 날 오 과장도 사직서를 쓰기 시작했다.

앞의 사례를 통해 이야기하려는 상사는 사실 오피스 빌런이라고 하기엔 너무 정상입니다. 다른 사람들 이야기에 귀 기울이고 공감도 하면서, 때로는 직원들과 분위기도 맞출 줄 아는 아주 인간적인 사람이니까요. 그럼 '좋은 상사가 아닐까?'라는 생각이 들 수도 있습니다.

　문제는 상사로서는 별로의 정도가 아니라 완전 나쁘다는 말이 나오게 한다는 겁니다. 분명 같이 이야기 나눌 땐 '이해한다, 그래서 윗사람에게 정확하게 전달하겠다'고 말해 놓고는 감감무소식이거나 전혀 엉뚱한 결과를 만들어 낸 후 안면몰수하는 이 상사들. 모든 걸 해 줄 것 같지만 결국 아무것도 해 주지 않는 상사들이 바로 무책임한 예스맨들입니다.

**일단, 무책임한 예스맨들의
정서적, 관계적 태도를 살펴보겠습니다.**

1 친화력이 높은 좋은 사람입니다

무책임한 예스맨 상사들은 직원들의 이야기를 잘 들어주고, 공감도 곧잘 해줍니다. 너무 공격적이지도 않아서 만약에 업무 외적으로 만났다면 분명 괜찮은 사람이라고 생각했을 것입니다. 더불어 이런 태도가 가식적이거나 타인을 이용하려는 의도도 없습니다. 분명 친화력 높고 좋은 사람입니다. 게다가 정서적으로도 안정돼 있습니다. 이들은 감정의 널뛰기가 심하지도 않습니다. 불안이 많아서 부하 직원들을 못살게 굴지도 않고, 예민해서 직원들의 말 한두 마디에 꽁하거나 버럭하지도 않습니다.

2 나서고 주도하려고 합니다

기본적으로 본인이 앞에 나서서 주도하려고 합니다. 사람들 사이에 있을 때 그 자리를 이끌어 가려고 하고, 자기 의견도 적극적으로 말하는 스타일입니다. 그렇다고 관심을 끌려고 무리한 행동을 할 정도로 어리석거나 미성숙하지는 않습니다. 자기 주장이 강하고 사람들과 어울리는 것을 즐깁니다. 그리고 말로 약속을 잘합니다. 호언장담을 하기도 하죠.

3 위험 부담(Risk taking)은 하지 않습니다. 새로운 것을 좋아하지도 않습니다

무책임한 예스맨 상사들은 상대적으로 진취적이거나 위험 부담이 큰 일을 잘 시도하지 않습니다. 무언가 새로운 일에 뛰어든 다거나, 신기한 것을 배워 보려고 하지도 않습니다.

예를 들어 부하 직원이 색다른 업무 아이디어를 내거나 신규 시스템을 도입하는 것 등에 대해 부정적인 경우가 많고, 새로운 방안을 고민해야 할 때는 유연성이 떨어집니다.

한마디로 기존의 방법을 답습하고 유지하는 것만 열심히 합니다. 적극적이고 자기 주도성이 높은 직원 입장에서는 답답할 때가 종종 생기게 됩니다.

④ 성실하고 책임감이 강한 만큼 경직적입니다

의심할 여지없이 성실합니다. 자기에게 주어진 일에 대해 책임감이 강하고 어떻게든 완수하려고 합니다. 원칙과 계획을 준수하고, 특히 실적과 결과를 대단히 중요시합니다. 나아가 윗사람의 지시에는 진짜 목숨을 겁니다.

하지만 문제는 그 수행 방식에서는 경직성이 많이 보입니다. 부하 직원들이 보기에는 책임감 있고 성실해서 좋지만, 경직성이 높아서 답답하고, 고집불통처럼 느껴질 때가 많습니다.

⑤ 조직과 자기 상사를 위해 일합니다

무책임한 예스맨 상사의 성실함은 자기 자신의 성공도 있겠지만 그것보다 조직을 위한 부분이 큽니다. 그렇다고 상사에 대한 열혈 충성파이거나 눈치를 보면서 충성하는 척하는 것이 아니라 조직원으로서 최선을 다하는 것이 조직원의 책임이라고 생각하는 사람들입니다. 순수한 의미의 책임감을 느끼는 사람들이죠. 정리하면 다음과 같습니다.

- 성실하고 책임감이 높다.
- 조직을 위해 일하지만 다른 사람에게 공감도 할 줄 안다.
- 답답한 면이 많고 완벽주의, 원칙주의 성향이 강하다.
- 자기 의견이 강하고 호언장담 기질이 있다.

조건이 까다로워서 설마 저런 사람이 있을까 싶기도 하겠지만, 꼼꼼하고 책임감 있는 일 처리가 필요한 조직이나 영업이 중심이 되는 조직에서는 전체 상사들 중에서 20~30%를 훌쩍 넘는 비율을 가질 정도로 아주 흔한 유형입니다.

그럼, 무책임한 예스맨들은 대체 왜 나쁜 상사일까요?

① 의사 결정자에게는 예스맨, 하지만 부하 직원들에게는 파워맨

무책임한 예스맨 상사의 첫 번째 문제는 높은 친화력과 강한 외향성이 선택적으로 발현된다는 겁니다. 자신의 상사에게는 매우 친화적인 반면, 높은 외향성 때문에 강한 자기 주장은 부하 직원들에게 향합니다. 한마디로 자신의 상사에게는 유약하고 휘둘리는 예스맨인데, 부하 직원들에게는 자기 생각을 강요하는 꼰대스러운 파워맨이라는 것입니다.

이들은 기본적으로 조직에 대해 책임감을 갖는 사람들입니다. 그리고 친화력이 높아서 반대 의견을 내거나 사람과의 갈등이 생기는 걸 피합니다. 때문에 자기 윗사람에게 똑 부러지게 직언하는 것은 상상하기 힘든 일입니다. 그런데 동시에 무책임한 예스맨 상사들 특유의 경직성과 함께 완벽주의, 성과 집착 성향을 가지고 있습니다.

이런 성향은 부하 직원들에게는 본인의 방침을 강요하고, 상황이 급해지면 '까라면 까'라는 식으로 발현됩니다. 결국 윗사람에게는 꿀 먹은 벙어리 신세로 숙제만 잔뜩 받아오고, 부서로 돌아와서는 직원들에게 책임 완수를 요구하니 직원들 입장에서는 힘든 상황을 피할 수가 없습니다.

② 호언장담은 잘하지만 윗사람에게 전달은 깜깜무소식

높은 외향성과 친화력은 또 다른 문제를 만들어 내는데, 바로 약속은 잘하지만 자기에게 곤란한 약속은 지키지 않는다는 겁니다. 무책임한 예스맨 상사에게 곤란한 약속이란 자기 윗사람에게 예산이나 기타 지원을 요청하거나, 직원들의 어려움을 대변하는 것, 즉 상사가 불편할 수 있는 이야기를 하는 것입니다. 분명 보스를 만나러 가기 전에 부하 직원과 이야기할 때는 여러 가지 상황을 확실하게 전달하겠다고 큰소리칩니다.

하지만 정작 윗사람을 만나면 모른 척하거나 돌아와서 "우리가 직원인데 한 번 더 참고 지내 보자" 같은 말을 합니다. 처음부터 약속이나 하지 않았으면 속이라도 덜 터질 텐데 무책임한 예스맨 상사의 외향성은 꼭 짜증 나는 상황을 만들어 냅니다.

③ 성과에 목숨을 걸다 보니 과정은 안중에도 없음

앞에서 언급한 것처럼, 무책임한 예스맨 상사는 매우 성실합니다. 실적에 집착하며 기어코 성과를 만들어 냅니다. 하지만 이런 성향 때문에 과정 단계에서 관리가 잘 안 되는 문제가 발생합니다.

예를 들어, 회사에서 직원들에게 뭔가 과한 요구를 한다고 생각해 봅시다. 이때 소속 팀의 책임자, 즉 팀장은 회사의 입장을 직원들에게 잘 설명하고, 반대로 직원들 사이에서 나오는 불만 또는 의견 사항을 윗사람이나 관계 부서에 잘 전달할 의무가 있습니다. 때때로 팀장이 목소리를 높여 직원들을 옹호해야 할 수도 있습니다. 하지만 위에서 떨어진 명령은 비록 부당할지라도 무책임한 예스맨 상사들에게는 지켜야 할 목표가 됩니다.

게다가 한술 더 떠서, 직원들이 반발할 것을 뻔히 아니까 아예 설명을 하지 않습니다. 그러나 세상에 비밀은 없는 법이고, 회사에서는 더더욱 비밀이 없죠. 결국 여러 가지 경로로 직원들은 위에서 내려온 사항을 알게 됩니다. 이때 무책임한 예스맨 상사들은 '니들이 참아'라는 식으로 무마하고 넘어가려고 합니다. 정공법으로 문제를 해결하는 것이 아니라 유야무야 넘어가면서 실적만 챙기려 하고, 회사의 입장만 대변하려고 합니다.

차라리 처음에 정확하게 설명하면서 "회사의 요구 사항이니 반드시 실행하자"라고 했으면 조금이라도 덜 상처받았을 텐데, 좋은 사람이고 싶다 보니 문제가 부풀어 터질 때까지 직시하지 않은 겁니다.

❹ 본인의 역량 부족을 관계의 문제로 넘김

결국 무책임한 예스맨 상사에게 부족한 건 리더로서의 자각입니다. 조직의 일원으로서 가지는 책임감만큼이나 중요한 것이 그의 명령을 따르는 직원들에 대한 책임감입니다. 필요하다면 타 부서와 싸우기도 하고 협상도 하며 설득해서 자기 팀과 팀원들의 대변자가 돼야 하는 것이 바로 리더입니다.

하지만 이들에게 리더란 바로 '실적을 만들어 내는 관리자'일 뿐입니다. 기관총탄이 쏟아지는 노르망디 해변에서 '돌격 앞으로'만 외칠 뿐이라는 것이죠. 물론 조직의 책임자는 실적을 만들어야 합니다. 그렇다고 그것만 가지고 리더라고 불릴 수는 없습니다. 조직원들의 개인적 발전과 동기 부여, 심리적 안정감 등도 돌봐야 하고, 그렇게 일할 수 있는 환경을 만드는 것도 실적만큼이나 중요한 책임입니다.

하지만 우리나라의 거의 모든 회사의 리더가 리더로서의 역할을 한다고 보상을 받거나 승진을 시키지는 않습니다. 그저 말 잘 듣고, 실적 잘 만드는 사람이 승진하는 거죠. 때문에 무책임한 예스맨 상사들은 부족한 리더로서의 자각과 역량을 사람 좋은 미소로 넘어가려고 합니다. 부하 직원들에게 "미안한데 이번엔 회사가 원하는 대로 하자" 같은 말만 반복하면서 말이죠.

5 해결책도 없으면서 온갖 난리가 터진 뒤에 미안해 함

처음부터 "니들 감정 따위 상관없고, 오늘부터 야근이든 뭐든 해서 목표를 도달해"라고 대놓고 얘기하는 냉혹한 상사라면 차라리 낫습니다. 욕은 나오지만 콘셉트와 방향성이 명확하니까요. 하지만 내 이야기에 귀 기울여 주고 뭐든 당장 해결해 줄 것처럼, 팀원들 편인 것처럼 말해 놓고는 모른 척하는 것을 보면 더 열받습니다.

상상해 보세요. 과장이 부장에게 이건 이렇고 저건 저렇다고 명확하게 말했으면 굳이 고생 안 해도 될 텐데, 실컷 삽질하고 나서 "어쩌겠니, 그냥 니들이 참어", "그래, 힘들겠다" 같은 말만 계속 하는 상황 말입니다. 자기주장이 강해야 할 땐 윗사람과의 관계를 따집니다. 하지만 팀원들을 챙겨 줘야 할 때 자기주장을 강요하고 부하 직원에 대한 책임감을 요구하면서 실적만 챙깁니다. 그리고 상황이 종료된 후에야 직원들에게 와서 "힘들지?"라고 말하는 상사가 무책임한 예스맨 상사입니다. 같이 일하고 싶으신가요?

이런 상사를 만나게 되면 어떻게 해야 할까요?

1 할 이야기가 있으면 그 자리에서 정확하게 전달하세요

한마디로 속터져 죽을 것 같은 상사입니다. 이런 상사에게는 부하 직원이 어떤 문제가 있고, 무엇을 원한다는 이야기를 적시에 정확한 내용으로 명확하게 전달해야 합니다. 보스와 부하 직원 사이에 끼어서 진퇴양난(進退兩難)으로 고통받더라도 그 사람이 자초한 고통이고, 그것이 바로 한 조직의 책임자가 됐다는 증거입니다.

당당하게 요구하세요. 그렇지 않으면 모든 숙제와 일이 부하 직원들에게 떨어져 고생한 뒤에야 '미안하다' 같은 말을 하는 그를 보게 됩니다. 무책임한 예스맨 상사 본인의 상사에게 직언하게 되면 풀리는 문제입니다. 압박해야 합니다.

② 리더가 아니고 실적 관리자라고 생각하세요

이런 상사는 리더로서의 자질도 부족하고 훈련도 안 된 사람입니다. 특히 조직원을 육성하고 동기 부여하고, 중장기적인 커리어에 대한 도움을 주어야 한다는 생각도 없습니다. 따라서 그가 나의 리더로서의 역할을 수행할 거라는 기대는 하지 않는 것이 좋습니다. 내게 속한 부서의 실적 책임자라고만 생각하는 게 마음이 편합니다. 기대하지 않으면 실망할 것도 없으니까요.

③ 그가 하는 약속은 믿지 말고
다른 대안을 항상 찾으세요

좋은 사람입니다. 그리고 직원들을 도와주려는 것도 분명 진심입니다. 하지만 본인의 윗사람과 풀어야 할 문제에 대해서는 공수표만 남발합니다. 그가 개인적으로 약속하는 게 아닌 부서장으로서 하는 약속은 믿지 마세요. 거짓말을 하는 사람은 아닌데, 결과적으로 거짓말이 되게 상황을 이끌어 갑니다. 그리고 자기는 희생자인 것처럼 피해 버립니다. 상사가 이런 약속을 할 땐 지키지 않을 것이라고 처음부터 생각하고 다른 대안을 찾고, 준비를 해야 합니다.

④ 성실하고 실적을 추구하기 때문에 적당히 무임승차 하세요

실적은 잘 만듭니다. 야근을 밥먹듯이 할 것이고, 직원들에게도 야근과 무리한 스케줄을 강요할 겁니다. 적당히 무임승차하면서 나오는 실적 인센티브를 좀 즐겨도 됩니다. 물론 버릇 되면 나의 커리어가 꼬이겠지만, 살다 보면 좀 쉬어 가야 할 때도 있는 법이니 내가 열심히 안 해도 그 상사가 죽을둥 살둥 할 테니 '난 저렇게 살지 않을 거다'라고 생각하면서 월급 도둑 몇 달 정도 하면서 재충전 하는 것도 나쁘지 않습니다.

 무책임한 예스맨의 특성과 대응책

특성

·인간적으로는 호인, 그러나 상사로서 자각 부족이다.
·나서고 주도하려는 성향이 강하다.
·위험 부담을 피하고, 새로운 것을 좋아하지 않는다.
·성실하고 책임감이 많으나 경직적이다.
·조직과 자기의 상사를 위해 일한다.

대응책

·해야 할 이야기는 그 자리에서 명확하게 전달해야 한다.
·실적 관리자라고 생각하고, 리더로서는 기대하지 말자.
·약속을 믿지 말자.
·상황에 따라 무임승차도 할 수 있다.

남 탓 대마왕

구매팀 김 차장에 대한 팀원들 사이의 별명은 '일'이었다. 다만 이 '일'은 'Work'가 아니라 뱀장어를 뜻하는 'Eel'이었다. 김 차장은 능구렁이처럼 책임을 빠져나가는 데 있어서는 도가 텄다는 평을 받고 있는 인물이다. 구매 업무는 자칫 잘못하면 독직이나 뇌물, 갑질 등 수많은 부정부패와 안 좋은 평가가 따라다니기 마련인 직군이다. 김 차장 역시 수차례 납품 업체로부터 향응이나 상품권 등을 받았다는 소문은 있었지만 회사 감사에서도 드러난 적이 한 번도 없었다.

외부 업체와의 관계에서만 능구렁이면 그나마 괜찮은데, 김 차장은 부서 업무에서도 역시 요리조리 책임질 일을 항상 피해 다녔다. 1년에 두 번 있는 국내 창고 재고 실사와 감사 시즌에는 거의 항상 해외 공장 검사 일정을 교묘하게 맞춰서 다른 직원들 모두 밤새며 창고에서 물품 목록 확인하고 있는 동안 출장지에서 유유자적하고 있었다. 기획팀과 구매팀, 시스템 운영팀이 1년여를 준비한 구매 물류 IT 시스템 교체 작업이 본격화돼 구매팀의 시니어가 TF 멤버로 참여해야 하는 시점에는 회사에서 보내 주는 외부 교육 프로그램을 듣느라 시간이 안 된다며 밑에 있는 과장을 TF 멤버로 대신 밀어 넣었다.

구매 팀장이 외부 활동 때문에 팀에 등한시하는 시간이 많아서 김 차장의 잔머리가 효과를 발휘할 여지가 너무 많았다. 사무실 내 서류 목록이 제대로 정리가 안 돼서 팀장에게 팀 전체가 싫은 소리를 들을 때도 김 차장은 연초 업무 분장에서 부서의 일상적인 관리 책임을 맡았음에도 불구하고 팀장 옆에서 마치 자기도 팀장인 것처럼 직원들을 혼냈다.

그의 뻔뻔함을 보여 주는 사소한 사례는 수도 없이 많았다. 거래 업체별 세부 거래 조건이 저장돼 있는 파일이 부서 파일 서버에 저장돼 있었는데, 매우 예민한 자료이기에 팀장의 지시로 부서원들의 개인 컴퓨터에 저장하는 것은 금지하고, 출력도 하지 못하고, 오직 팀장과 차장 그리고 내용 업데이트 담당 최 과장만 파일을 수정할 권리가 있었다. 김 차장이 실수로 파일을 잘못 저장해서 관련 내용을 모두 삭제해 버린 일이 발생했다. 팀장이 만약을 대비해 외장 하드에 저장을 해놓았기에 다음 날 복구할 수 있었지, 팀장에게 복사본이 있다는 걸 알기 전까지 김 차장은 팀원들 모두를 붙잡아 놓고 "왜 니들은 그 중요한 파일을 따로 저장도 안 했냐? 나처럼 컴퓨터를 잘 못다루는 사람도 이런 일이 안 생기게 파일을 설정해 놔야 하는 거 아냐? 이런 일이 생길 수 있다는 걸 미리 알려줬어야 하는 거 아니냐고" 하면서 한 시간이 넘게 잔소리를 반복했다. 그걸로도 화가 안 풀렸는지 내용 업데이트 담당 최 과장을 불러다 놓고 '일이 꼼꼼하지 못하네, 관리를 제대로 못하네, 담당자가 기술적 이해도가 떨어지네' 등의 잔소리를 다시 30분간 추가했다.

분명 팀장이 임의로 복사 파일 만들지 말라고 할 때 옆에서 맞장구쳤던 사람도 김 차장이었고, 김 차장이 컴퓨터를 잘 다루지 못하지만 파일 관리자 권한은 꼭 있어야 한다고 주장했던 사람도 김 차장인데 말이다. 그러고는 그날 오후 팀장에게 관련 보고를 하면서 한 말은 "애들이 파일 세팅을 이상하게 해 놔서 파일에 문제가 생겼으니 혹시 원본 파일을 가지고 계신가요?"였다.

귀인 이론(Attribution theory)이라는 것이 있습니다. 어떤 행동을 봤을 때 그 행동의 원인을 어디에서 찾느냐에 대한 설명입니다. 예를 들어 아주 폭력적인 행동을 봤을 때 '저 사람 마음이 정상이 아니야'라고 설명하는 경우(내적 요인)와 '누군가 저 사람을 극도로 분노하게 만들었다'라고 설명하는 경우(외적 요인)가 있습니다.[5]

실제 하나의 행동에는 내적 요인과 외적 요인 모두가 있지만, 우리는 대체로 둘 중 하나의 요인으로 기울기 마련입니다.

이 이론에서 설명하는 것 중에 재미있는 것은, 우리가 보통 타인의 행동에 대해서는 내적 요인에 더 무게를 두고, 내 행동에 대해서는 외적 요인을 더 중요시한다는 겁니다. 부연 설명을 하자면, 타인이 갑자기 화를 내면 "저 놈이 나쁜 놈이야!"라고 말하고 내가 갑자기 화를 내는 것에 대해서는 "당신이 나를 화나게 했잖아!"라고 한다는 것입니다.

이 이론을 설명하는 것은, 인간이 기본적으로 내가 하면 로맨스, 남이 하면 불륜이라는 사고를 가지고 있다는 점을 지적하려는 것입니다. 자기의 행동 때문에 문제가 생겼을 때도 자기 잘못이라고 생각하기 보다는 남 탓이나 상황 탓을 하기 쉽다는 거죠.

하지만 이렇게 남 탓하는 인간의 본성이라고 감안해도 정도가 심한 사람들이 있습니다. 극도로 남을 탓하면서, 자기 자신의 잘못 때문이라고는 단 1%도 생각하지 않는 사람들을 회사에서 가끔 보게 됩니다. 이들의 마음속에 대해 이야기해 보겠습니다.

정말 환자 수준으로 책임감을 못느끼는 사람들이 비록 소수라지만 우리 사이에 존재합니다. 정신에 문제가 있어서 자신의 행동에 대해 아예 인지를 못하는 것은 아니라 그 행동에 따른 결과에 대해 아무런 인과 관계도 생각하지 못하고, 전혀 책임감을 느끼지 않고 남의 탓으로 돌리는 사람들이 분명 있습니다.

하지만 이런 환자 수준의 남을 탓하는 성향을 가진 사람들은 회사에 들어오기 어렵고, 혹시나 들어온다고 해도 윗사람으로 진급할 수 없습니다. 때문에 상사 중에서 무책임할 정도로 남 탓을 하고 이기적, 자기중심적인 사람이라 해도 사실상 정상입니다. 스스로 자기의 행동을 인지할 수 있고, 자기 행동에 따라 그런 결과가 생겼다는 걸 분명 인지할 수 있습니다. 즉, 우리가 회사에서 만나는 남 탓 대마왕 상사들도 스스로 자기 잘못이라는 것을 알고 있다는 겁니다.

도대체 남 탓 대마왕 상사는 왜 그러는 걸까요?

① 윗사람이 될수록 책임감을 느낄 사회적 유인이 없다

사람이 책임감 있다는 것은, 곁에 있는 사람 입장에서는 믿을 수 있는 사람이라는 뜻입니다. 그런데 사람의 신뢰성에 대한 최근 연구가 우리에게 재미있는 이야기를 전합니다.

데이비드 데스테노 교수는 《신뢰의 법칙》[6]이라는 책에서, 동일 인물이라 해도 그에게 권력이 주어지면 신뢰성 있는 행동, 즉 책임감을 발휘하는 것이 줄어드는 성향을 보인다고 했습니다. 사회적 지위와 권력이 약한 사람은 타인의 협력이 생존에 절대적이라 신뢰성 있게 행동할 수밖에 없습니다. 하지만 지위와 권력이 올라갈수록 타인의 협력이 자신의 생존에 반드시 필요하지 않기 때문에 신뢰성 있는 행동은 줄어들게 된다는 것입니다.

물론 회사원 입장에서 자기가 가령 임원이 된다고 해도 완전히 유아독존할 수 없기 때문에 자기의 생사여탈권을 쥐고 있는 사람에게는 여전히 신뢰성 있게 행동해야 합니다. 따라서 자기의 윗사람에게는 책임감 있는 모습을 보이도록 노력하는 거죠. 하지만 아랫사람들에게까지 그럴 필요는 없습니다. 대부분의 회사에서 직원들의 투덜거림은 투덜거림일 뿐 상사의 연봉과 승진에 별 영향이 없거든요.

즉, 직원들의 의견이 상사들의 인사에 영향을 크게 주지 않는 조직은 기본적으로 상사들이 부하 직원들에게 무책임한 모습을 보이도록 부추기는 것이나 마찬가지라는 겁니다. 나의 상사들이 남 탓하는 행동을 하는 빈도가 높다면, 기본적으로 내 회사의 조직 문화가 상사들의 무책임함과 남 탓을 촉진하고 있기 때문일 가능성이 높습니다.

② 전형적인 방어 기제를 보인다

사회나 조직이 무책임하게 남 탓하는 것을 부추긴다고 해도 사람마다 개인차라는 게 있습니다. 하향식 평가만 존재하는 상명하복 조직에서 근무하는 상사라 해서 모든 상사가 무책임하지 않다는 거죠. 그렇기 때문에 사회적 구조에 따른 태도 설명 이외에 개개인에서 원인을 살펴볼 필요가 있습니다.

책임감에 심각하게 문제가 있고, 타인에게 모든 책임을 전가하는데, 다른 기능은 지극히 정상인 직장인은 분명 자기 잘못인걸 알고 있는데, 그것을 부정하거나 회피하거나, 다른 대상에 그 책임을 뒤집어씌우는 겁니다.

우리가 가진 심리적 특성 중에서 자신에게 비난이 쏟아지는 것을 다른 곳으로 돌리며 피하는 방법으로 전치나 치환이라고 불리는 방어 기제가 있습니다. 전치는 화나고 민망한 느낌을 받을 때 이것을 외부의 다른 요인에게 공격하면서 벗어나려고 하는 태도를 말합니다. 앞의 사례에서 김 차장이 팀원들을 모아 놓고 변명을 늘어놓고, 파일 업데이트 관리자인 최 과장을 불러다가 화를 내는 행동이 전치의 전형적인 행동입니다. 스스로 잘못이라고 인식하지만, 그걸 인정하기는 절대로 싫기 때문에 타인을 비난하는 겁니다.

우리에게는 이런 성향이 있습니다. 가령 유아기의 어린아이가 밤에 이불에 오줌을 싸면 자기의 잘못을 인정하지 않고 엉뚱하게 강아지를 욕하거나, 세상에 존재하지 않는 외계인이 와서 싸고 갔다는 식의 거짓말을 하는 경우와 같습니다.

성숙한 사람이 되어 간다는 건 이런 상황에서 자기 잘못을 인정하고 개선하려는 것일 텐데, 남 탓 대마왕 상사들은 이런 부분에서 성숙한 사람이 전혀 되지 못하고 어릴 때의 성향을 유지하고 있는 겁니다.

③ 책임감이 없는 건 아닌데 한 방향으로만 책임감을 가진다

앞에서 조직이 경직적이고 권위주의적이면 상사가 무책임해지기 쉽다는 것과 방어 기제를 사용하기 쉬운 성향의 사람이 남 탓하는 행동을 한다는 것은 쉽게 이해할 수 있습니다. 하지만 회사에서 사람이 무책임하게 남 탓을 하는 행동을 하는 게 꼭 위의 두 이유만 있는 것은 아닙니다.

예를 들어, 독일 나치 시절 유대인 수백만 명을 죽음의 기차에 실어 아우슈비츠로 보내던 독일군인들은 자기들이 사람을 죽인다는 일말의 책임감도 느끼지 않고 그저 사람을 모아서 다른 장소에 보낸다는 것만 신경 썼다고 합니다. 얼마나 효율적으로 사람을 한꺼번에 많이 보낼 것인가만 신경 쓰는, 철저하게 관료적이고 기계적인 인식에 기반한 책임감만 가지고 있었다고 합니다. 조직원으로서의 책임감은 높았지만 인간으로서의 책임감은 방기해 버린 독일 군인들과 비슷한 사고 체계를 가진 상사의 인식이 세 번째 남 탓 대마왕 상사의 이유입니다.

이런 유형의 상사들은 책임감이 있습니다. 일에 대해 책임감을 분명 가지고 있고, 열심히 하려고 합니다. 하지만 그 책임감이 보통 사람의 상식에 맞게 발현되는 것이 아니라 이상한 형태로 발현되거나, 책임감의 대상이 업무가 아닌 자기 자신에 대한 보호라는 점이 보통 사람과 다른 점입니다.

예를 들어 자세히 설명하겠습니다.

상사들 중에는 일이 주어지면 그 일을 최대한 완수하기 위해 직원들을 야근시키고, 주말 근무시키고, 최대한 쥐어짜고, 성질을 내면서 성과에만 매달리는 사람들이 있습니다. 이들은 성과를 통해 직접적으로 승진이나 보너스를 받는 것이 아님에도 죽기 살기로 매달리는 성향을 보여 줍니다. 하지만 이들에게 직원들의 동기 부여를 유지하고, 역량을 발전시키고, 조직 문화를 건

강하게 만들어 간다는 생각은 머릿속에 없거나, 순위권 밖에 있습니다. 부하 직원들이 봤을 때 이런 상사들은 책임감이 높지만, 동시에 무책임할 정도로 남 탓을 하는 사람으로 보이게 됩니다. 성과를 만들어야 하는 직원으로서의 책임감은 아주 강하게 발현되지만, 팀을 이끄는 리더로서의 책임감은 쓰레기통에 쳐박아 버렸으니까요.

앞서 설명한 권력을 가졌기 때문에 무책임해진 것과 같은 것이 아니냐 생각하겠지만, 이런 상사들은 사회 초년생 때도 책임감이 선택적으로 발현됐을 것이라는 점에 차이가 있습니다. 권력의 일반적 속성이 아니라 사람의 성격 자체에 문제가 있다는 것이죠. 다르게 설명하자면, 윗사람이 됐음에도 윗사람이라는 자각보다는 눈에 보이는 업무를 완수해야 한다는 생각만이 뇌를 지배하는 사람들인 셈입니다. 즉, 상사로서의 자각이 아예 없기 때문에 보이는 행동이 특정 방향으로의 완전한 무책임함입니다.

대체로 목표 지향적이고, 사람들에게 관심이 없고 냉혹하며, 사고의 폭이 좁고 경직적인 성향을 보여 주는 상사들이 이 부류에 속한 남 탓 대마왕일 가능성이 높습니다. 그나마 조직원으로서 목표를 위해 달리기만 하는 성향이면 어느 정도 예측이 가능하지만, 더 최악은 자기 보호 외에는 관심이 없는 사람도 있습니다. 조직의 발전이든 목표든 관심 없고, 아무런 책임도 지지 않으려고 하는 상사도 있습니다. 주로 관료적인 성향이 강하고, 안정적인 사업 구조를 가지고 있는 조직에서 자주 나타납니다. 이런 사람에게도 책임감은 있습니다. 단, 이 책임감은 철저하게 자기 자신 혹은 자기 자신의 범주에 들어가는 사람들에 대한 책임감뿐입니다. 가령 철저하게 목표 지향적 성향을 가지고 있는데, 자기의 이너서클(inner circle, 핵심층)이라고 생각되는 사람, 즉 학교 후배, 고향 후배, 군대 후배 등은 끔찍하게 챙기면서 대신 이 범주에 들지 않는 사람들에게는 자기의 부하 직원인데도 일말의 책임감도 동정심도 보여 주지 않는 사람들이 있습니다.

실제로 제가 봤던 상사들 중에는 자기 직원이 만성 간질환에 시달리고 있는 데도 야근시키고 주말 근무를 시키면서 일의 속도가 늦고, 병원 가느라 업무 처리를 제대로 못한다고 못살게 굴면서 대신 자기 학교 후배에 대해서는 근무 시간에 외부 교육을 가는데 부서 비용으로 지원해 주는 경우도 봤습니다. 어쩌면 사람이 그럴까 싶겠지만, 이런 사람들이 생각보다 많습니다.

4 이기적이고 자기중심적인 상사다

복잡한 설명 필요 없이 아주 이기적이고 자기중심적인 사람도 무책임함을 얼마든지 보여줄 수 있습니다. 앞에서 사례로 든 김 차장의 모습이 아마도 이 부류에 해당될 것 같습니다. 회사에서 가장 흔하게 보는 남 탓 대마왕 상사의 모습이자 이유가 아닐까 싶습니다.

이런 사람들은 무책임하면서 동시에 굉장히 자기모순적인 모습을 많이 보여 줍니다. 예를 들어, 부서의 활력을 높이기 위해 이제 눈치보지 말고 자유롭게 휴가를 쓰라고 이야기하는 남 탓 대마왕 상사를 생각해 봅시다. 이 발표 후 부하 직원 한 명이 진짜 휴가를 쓰겠다고 보고를 하면 갑자기 정색을 하면서 이야기합니다.

"휴가도 좋은데 이 바쁜 시긴에 꼭 써야겠어?"

이런 말을 들으면 직원 입장에서는 황당하죠. 분명 써도 좋다고 했는데, 그것도 불과 며칠 전에 한 이야기인데요. 그렇지만 남 탓 대마왕 상사의 머릿속에는 '휴가는 마음대로 써도 되는데, 단 부서가 안 바쁠 때 써야지'라는 생각이 강하게 있으니 이런 모순적인 상황이 생기는 겁니다. 그러고는 정작 부서 일이 바쁜 데도 자기가 휴가를 써야 할 때가 되면 "우리 휴가 마음대로 쓰기로 했잖아. 우리도 이제 일이 바쁘다고 해도 자기 휴가는 쓰면서 사는 기업 문화가 돼야 하지 않겠어?"라고 말하면서 휴가를 갑니다. 그냥 노답 상사입니다.

이런 상사와 엮이게 되면 답이 없습니다. 남 탓 대마왕 상사들은 대체로 자기중심적이고, 정서가 불안정한데 동시에 냉혹한 사람들이 많아서 합리적인 문제 제기를 해 봐야 전혀 받아들여지지 않고, 맞서 싸울 경우에는 오히려 사람을 죽이려 들 겁니다. 조직 개편으로 그가 다른 부서로 떠나거나, 아니면 이직하는 것이 근본적인 해결책입니다. 하지만 너무 극단적인 해법을 선택하기 전에 나의 정신 건강에 약간이나마 도움이 될 만한 방법들을 생각해 봅시다.

남 탓 대마왕에 대한
몇 가지 대응 원칙은 다음과 같습니다.

❶ 거짓말을 입에 달고 산다고 생각하고, 확인하고, 확인하고, 또 확인하세요

남 탓 대마왕 상사들에게 무책임함은 습관이요, 반복이고 패턴입니다. 한두 번 어쩌다가 하는 거짓말이 아니고, 완전히 패턴화돼 있습니다.

신뢰도가 낮고, 걸핏하면 말을 무시하며, 책임감이 전혀 없는 남 탓 대마왕 상사가 무슨 말을 하든 거짓말이라 생각하고, 그를 통하지 않고 다른 경로를 통해서 말의 진위 여부를 체크하는 방법을 찾는 게 좋습니다. 특히 자신의 근무 환경이나 근무 조건 등 큰 사안에 대한 이야기는 절대적으로 다른 경로를 통해 재확인해야 합니다.

예전에 제가 근무하던 회사 동료 중 한 명은 자기가 옆 부서에 T.O(table of organization)가 생겼으니 옮기고 싶다고 상사와 여러 차례 면담을 했다고 합니다. 그 결과 상사는 그 직원에게 발령을 수락했고 사장에게까지도 보고했다고 해서 안심하고 있었다고 합니다. 그런데 한참이 지나도 발령 소식이 없어서 알아보니 사장은 이런 사정 자체를 아예 몰랐고, 다만 그 상사가 사장에게 그 직원 욕만 했다는 걸 알게 됐습니다. 결국 제가 아는 그 동료는 열받아서 회사를 그만뒀죠. 그 상사는 철저한 자기중심형이자 남 탓 대마왕 상사였고, 자기 부하 직원을 경쟁자로 여겨 행동한 것이었습니다.

② 기록하고, 동료들과 이야기하며, 증거를 모으세요

남 탓 대마왕 상사들은 말을 자주 바꾸고, 거짓말을 많이 하기 때문에 일일이 자료를 모으기가 쉽지 않습니다. 그래도 최대한 기록하고 증거를 모아야 합니다. 그리고 모은 상황들에 대해서 비슷한 고통을 느끼고 있는 동료들과 나누세요(물론 믿을 수 있는 소수를 제외하고는 증거까지 공유하지는 말고).

제가 들었던 사례 중에는 영업팀의 팀장이 걸핏하면 영업 진척 상황을 거짓 보고했다가 결과가 나올 때쯤이면 담당 사원에게 책임을 전가하는 식으로 자기 책임만 모면하려 하자 허위 보고 사례를 거의 1년에 걸쳐 모은 다음에 자기 상사의 윗사람에게 보고해서 그 상사를 회사에서 내쫓은 경우도 있었다고 합니다.

물론 이렇게 극한 상황까지 가는 것은 보고한 사람도 힘들고, 그 사람의 거짓말 경중에 비춰 이렇게까지 준비하는게 맞는가 하는 의문도 있을 수 있습니다. 그래도 뭔가 액션을 취하려면 증거가 많이 있는 게 무조건 유리합니다.

❸ 무책임은 권력의 기본 속성이니 감정 낭비하지 마세요

처음에 이야기했던 것처럼 돈이나 권력을 남보다 조금만이라도 더 가지고 있는 사람은 신뢰도 낮게 행동하게 된다고 했습니다. 인간의 기본 속성이기 때문에 이 자체에 열을 받거나 내 감정이 휘둘리게 되면 나의 조직 생활이 어렵습니다.

어디에나 있고, 권력이 높아지면 높아질수록 거짓과 무책임이 일상이 된다고 생각하는 게 속이라도 조금은 편해집니다. 그리고 상사가 남 탓 대마왕이라는 이유 하나만으로 준비되지 않은 이직을 덜컥 하는 위험도 조금은 줄일 수 있습니다.

남 탓 대마왕의 특성과 대응책

특성

· 권력이 생길수록 무책임해진다.

· 유아기적 방어 기제가 강하다.

· 한 방향으로만 책임감을 가진다.

· 자기중심적인 성향이 매우 강하다.

대응책

· 항상 거짓말하고 무책임할 거라 예상하고 대응해야 한다.

· 기록하며 증거를 모아야 한다.

· 이런 상사는 어느 조직에나 있으니 이에 대해 너무 분노하지 말자.

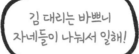

김 대리는 바쁘니
자네들이 나눠서 일해!

저울질 상사

개발팀의 송 과장은 세 명의 대리와 함께 일하고 있다. 서버와 네트워크 개발을 담당하는 최 대리가 셋 중 가장 고참이고, DB를 담당하는 이프대리가 중간 그리고 애플리케이션 클라이언트를 담당하는 김 대리가 셋 중 막내였다. 지금의 업무 분장은 처음부터 정해진 것이 아니었다. 송 과장의 전임자가 있던 시절, 클라이언트 개발 업무를 주로 해 왔던 것은 신입 때부터 클라이언트만을 해왔던 최 대리였고, 이 대리가 서버와 네트워크 그리고 막내 김 대리가 DB 담당이었다. 최 대리나 이 대리는 담당 영역이 있지만 둘 다 성실하고, 기술에 대한 관심도 많아 공부를 열심히 해 왔고, 오랜 기간 호흡을 맞춰 왔기 때문에 서로의 업무 영역을 보완해 줄 수 있을 정도의 지식도 가지고 있었다.

반면 개발자가 부족해 급하게 채용이 된 막내 김 대리는 업무나 기술 분야에 대한 관심보다 사람들과 어울리고, 놀러 다니며, 다양한 취미 생활을 하는 것에 훨씬 더 많은 에너지를 쏟았다. 때문에 전임자 시절 김 대리의 결과물은 허점이 많았다. 그래서 조용하고 협조적이며 착한 성품의 최 대리와 이 대리는 김 대리가 윗사람에게 너무 혼나지 않게 몰래몰래 일을 도와주면서 함께하고 있었다. 다만 DB 업무의 특성상 담당자가 꼼꼼하고 확실하게 개발 작업을 하지 않는 한 옆에서 도와주는 것에는 한계가 있어서 계속 작은 문제들이 발생했다.

그러다 송 과장이 새로 부임해 왔는데, 그는 대학 때 프로그래밍이 아닌 전혀 다른 전공을 가지고 있었고, 사회생활도 IT가 아닌 분야에서 시작했다가 뒤늦게 프로그래밍을 배워서 개발자로 살아왔던 것이다. 그래서 프로그래밍의 기초가 약한 편이었고, 누군가 자기에게 기술적 지식이나 경험에 의문을 제기하면 극도로 싫어했다.

문제의 시작은 송 과장이 참석한 첫 번째 기획 회의 직후부터였다. 기획팀의 아이디어는 기술적으로 난이도도 높고 현재의 서비스 시스템 구조와는 매우 상이한 방향이었기 때문에 바로 적용하기에는 문제가 많았다. 당연히 송 과장은 "바로 적용이 쉽지 않으니 기술적 대안을 찾아보겠습니다"라는 대답이 나와야 했다. 하지만 덜컥 가능하니 빠르게 테스트 버전 만들어서 공유하겠다고 약속을 해 버린 것이다. 회의 후 최 대리와 이 대리는 당연히 기술적 문제점을 지적하며 지금이라도 기획팀에게 다른 방안을 찾아보겠다고 이야기해야 할 것 같다고 하니, 송 과장의 귀에는 '너가 기술을 잘 몰라서 그런 소리를 했다'라는 비난으로 들렸다. 상대적으로 지식이 약하고 업무에 별 관심도 없는 김 대리는 먼산만 바라보듯 했다.

그때부터 송 과장은 조금씩 두 고참 대리를 멀리하고 상대적으로 김 대리와 친밀하게 지내기 시작했다. 그리고 얼마 후부터는 송 과장의 주말 자전거 동호회 모임에 김 대리도 참여하기 시작했다. 업무 대신 수많은 취미에 집중해 왔던 김 대리는 자전거도 수준급의 실력을 가지고 있었고, 단연 고가의 자전거를 가지고 있어서 송 과장 동호회에서 금방 핵심 멤버가 됐다.

송 과장과 김 대리가 붙어 다니면서 문제를 일으키던 DB 업무가 이 대리에게 넘어가기 시작했다. 김 대리가 열심히 하는데, 학습할 시간이 좀 더 필요 할 것 같으니 그 시간을 갖는 동안이라는 조건이 붙어 있었지만, 업무가 넘어가는 순간부터 김 대리는 아예 DB책을 놓아버렸다. 서비스의 특성상 클라이언트 일이 적고 주로 서버와 DB 업무가 많은 비중을 차지하는 팀이었는데, 두 고참 대리가 사실상 모든 업무를 하게 되자 송 과장은 마치 대단한 호의를 베푸는 것처럼 클라이언트 개발 업무만은 김 대리에게 넘겼다. 하지만 김 대리는 클라이언트 관련 기술을 제대로 알지 못했고, 공부도 할 생각이 없었기 때문에 문제가 바로 터질 수밖에 없었다. 그리고 송 과장과 김 대리가 함께 자전거 라이딩 복장으로 출근을 하던 날, 송 과장은 김 대리가 외부 개발자 교육 때문에 출근을 일주일에 3일만 할 것이라고 두 대리에게 알렸고, 최 대리와 이 대리는 클라이언트 업무마저 자기들이 해야 한다는 것을 알게 됐다.

사람이 누구에게나 공평하면 정말 좋겠지만, 쉬운 일이 아닙니다. 우리 스스로도 남들에게 공평하게 대한다고 생각하지만, 당장 친구들에게도 친소(親疏)에 따른 대응의 차이가 있고, 친인척 중에서도 내가 좀 더 잘 대해 주는 사람이 있고 상대적으로 심리적 거리를 두는 사람도 있기 마련입니다. 차별적인 태도는 어느 수준까지는 사람의 본능입니다. 심지어 자기가 낳은 자식들 중에도 좀 더 눈이 가는 자식과 그렇지 않은 자식이 있다고 하니까요.

친구나 심지어 가족 사이에도 파별(派別)이 이뤄지는데, 생판 모르는 사람들끼리 업무라는 연결고리만으로 모인 회사에서 상사가 직원들 모두에게 골고루 관심과 애정을 나눠 준다는 것은 말도 안 되는 조건입니다. 오히려 상사와 직원들 사이에 어느 정도 친소가 정해져 있고, 또 상사가 상대적으로 돌봐 주는 직원이 하나둘 정도는 있기 마련입니다.

미국의 한 조사[7]에 따르면 84%의 직장인이 회사 내에 편애가

존재하고, 23%의 상사들은 자기가 실제로 편애한다고 이야기
했다고 합니다. 굉장히 보편적인 문제라는 의미겠죠.

하지만 상사들 중에는 인간의 본능으로 일어나는 수준이 아
니라 조직에 문제를 가져오고, 직원들 사이에 갈등을 조장하며,
직원들의 업무 동기를 무너뜨리는 수준의 편애를 드러내는 못
된 상사들이 있습니다. 이제부터 조직에서 편애가 왜 문제가 되
는지, 어떤 이유 때문에 편애하는 모습을 보이는지 그리고 편애
의 피해자가 된 경우 어떻게 대응하는 게 적절할지에 대해 이야
기해 보겠습니다.

직장 상사의 편애(favoritism) 정의와 해악

다소간의 친소 차이는 사람인 이상 피하기 어려운 부분이 있
습니다. 하지만 직장 내에서 문제가 되는 '편애'는 업무의 성과
가 아닌 다른 이유로 인해 특정인에게 우대를 하고, 다른 특정인
에게는 불이익을 주는 행위입니다. 여기서 핵심 키워드는 '업무
의 성과와 관계없이'라는 것입니다.

자본주의 사회에서 회사는 결국 성과를 만들어야 하는 조직
입니다. 이에 따라서 높은 성과를 낸 직원에게 여러 혜택이 가는
것은 당연한 일입니다. 연봉도 더 높고, 진급도 더 빠르고, 업무
기회나 교육 등의 혜택도 더 많이 주어집니다. 직원이면 모두 동

일한 취급을 한다는 연공서열식의 회사 문화가 아닌 이상 피할 수 없는 부분입니다.

하지만 아무리 높은 성과를 낸 조직이라 해도 그 보상 규정은 합리적이어야 하고, 성과에 비례해야 하며, 무엇보다 성과와 보상이 투명하고 공평하게 연결되는 게 중요합니다. 이 부분의 투명성이 떨어지면 조직원들이 보기엔 성과가 높아서 보상을 받는 게 아니라 상사가 차별해서 받는 것처럼 보이게 된다는 문제가 분명 발생합니다. 일정 부분이라도 성과 때문에 보상을 크게 받는 것처럼 보이면 그 직원이 주변 동료들에게 약간의 미움은 받게 되고, 투덜거리는 직원도 나올 것이지만, 조직 문화 전체를 망가뜨리는 일은 별로 생기지 않습니다.

문제 되는 상황은 정말 성과와 아무 상관없이 특정 직원에게 각종 보상이나 기회 제공이 이뤄지고, 또 특정 직원에게는 각종 페널티와 기회 박탈이 이뤄지는 경우입니다. 혜택을 받지 못하는 직원들은 도저히 이해할 수 없는 논공행상(論功行賞)이 이뤄지기 때문에 분노가 생길 수밖에 없습니다.

그리고 혜택을 받은 직원과 나머지 직원들 사이의 갈등과 반목(反目)이 피어납니다. 상사에게 미움을 받는 직원에게 각종 불이익이 돌아가면, 그 직원이 제대로 일할 수 없고, 결국 그 조직에서 커리어가 완전히 망가지는 상황도 생깁니다. 상사가 자기 마음에 안 든다는 지극히 불합리한 이유로 한 개인의 인생을 완전히 꼬아 놓는 거죠.

조직 차원에서 편애의 가장 큰 해악은 편애를 받거나 받지 못하는 직원들 모두의 동기 부여에 악영향을 준다는 겁니다. 사람에게 활력을 주고, 일을 몰입하게 해 주는 가장 큰 외부적 동기부여 요인이 자기 일에 대한 주변의 '인정'입니다. 꼭 사람의 인정 욕구나 리더십에 기반한 자세한 설명이 아니더라도 회사에서 직원에게 상을 주는 방법 중 하나가 공로상(Recognition)인 것을 보면, 인정이 얼마나 조직원들에게 필요한 것인지 쉽게 알 수 있습니다.

편애는 그 인정을 왜곡해 버려서 받지 못하는 직원에게도 일할 의욕을 깎고, 편애를 받고 있는 직원에게는 왜곡된 자아상(전혀 유능하지 않은데 스스로 유능하다고 착각하게 만드는 것)을 갖게 해서 장기적인 커리어의 발전을 막게 합니다.

또한 공평하고 투명한 의사 결정 및 보상은 조직의 건강성을 위해 대단히 중요한 요소인데, 저울질 상사 주변에서는 생길 수가 없는 문화이기도 합니다. 편애의 의미 자체가 직원들은 알 수 없는 혹은 받아들일 수 없는 이유로 특정인을 감싸고 돈다는 뜻이니, 갈등이 생기지 않을 수가 없습니다.

리더는 원래 조직의 갈등을 미연에 예방하는 역할을 하라고 있는 사람입니다. 그런데 이 경우 상사는 갈등을 조장하고, 만들어 내는 사람의 역할을 하고 있습니다. 이 상태가 유지되면 조직 전체의 생산성이 낮아지는 것은 당연하고, 유능한 인력들부터 탈출 사태가 벌어지기도 합니다.

상사가 특정 개인을 미워하는 것이 얼마나 개인이나 조직에 파괴적인 결과를 가져오는지는 스위스 국제경영개발연구원(IMD) 경영대학원 리더십 분야의 장 프랑수아 만조리(Jean Francois Manzoni) 교수가 이야기한 '필패 신드롬(Setup to fail syndrome)'[8]을 살펴봐도 잘 알 수 있습니다.

이 이론은 상사가 특정 개인의 능력, 태도, 성과에 대해 아주 약한 의심을 갖기 시작하거나, 부정적인 태도를 특정 직원에게 보여 주기 시작하면 의심이 더 큰 의심을 부르고, 부정적 태도가 더 큰 부정적 태도와 갈등을 부르며, 작고 사소한 것까지 꼬투리 잡는 사태가 일어나 아무리 유능한 직원이라도 자기의 능력을 의심하게 되며 결국 정말 일을 못하는 직원이 되어 버린다는 설명입니다.

상사는 성과 관리와 조직 관리에 대한 힘이 조직에서 공인돼 있습니다. 때문에 특정 개인에 대한 지속적인 편애 또는 지속적인 미움과 의심으로 직원의 성과와 자존감은 물론 조직 전체의 건강성에도 큰 상처를 줄 수 있습니다. 감정이 치우치는 상사가 무능한 상사보다도 직원이나 조직에 더 큰 해악을 줄 수 있는 거죠.

심각한 편애 혹은 특정인에 대한 미움을 보이는 태도는 왜 생기는 걸까요?

❶ 일하는 스타일이나 결과물이 상사의 눈에 맞지 않는다

상사가 누군가를 편애하기 보다 누군가를 심각하게 미워할 때를 자세히 살펴보면 상사만의 문제가 아니라 미움받는 사람도 문제라는 생각이 들 때가 있습니다. 우리가 조직원으로 일하는 이상 조직 전체의 목표에 맞춰서 일을 진행해야 하는데, 조직 전체의 목표라는 건 항상 추상적이기 때문에 현실적으로는 조직의 상층에 있는 상사의 입맛에 맞춰 일을 하게 됩니다. 역량이 부족해서건 상사를 싫어해서건 상사가 원하는 속도, 방법, 결과물의 형태, 품질 등에서 지속적으로 어긋나는 사람이 상사와 좋은 관계를 만드는 건 불가능에 가깝습니다.

물론 상사가 아주 좋은 리더라면 객관적으로 직원의 부족한 점을 찾아서 그 부분에 대해 지적하고 개선할 수 있는 방법을 알려 주고, 기회를 주며 기다려서 동기 부여를 해 주는 게 맞을 겁니다.

하지만 대부분의 리더들이 이렇게까지 좋고 능력 있기를 기대하는 건 무리가 있습니다. 때문에 상사에게 미움받고 있다고 해도 일단 객관적인 결과물에서 일정 수준을 충족할 필요가 있습니다. 물론 여러 지표에서 중간 이상을 하고 있는 데도 상사가 특정인을 미워한다면 그 상사에게 문제가 있는 것입니다.

② 직원에게 자극을 주려는 의도도 있다

리더들 중에는 누군가에게 자극을 주겠다는 생각에 편애를 하거나 반대로 누군가를 심하게 못살게 하는 행동을 하는 경우가 있습니다. 리더의 성격이 문제가 있는 것은 아닌데, 직원을 동기 부여 하는 방법을 잘못 택하는 거죠. 특히 잠재력이 있는 직원에게 뭔가 돌파구를 마련해 주면 성장할 수 있을 것이라 생각하고 이런 방법을 택하는 것 같습니다.

실제로 직원들 중에는 싫은 소리를 들으면 금방 의기소침해지지만 칭찬을 들으면 자기 능력보다도 더 많은 것을 이뤄내는 사람이 있습니다. 반대로 칭찬을 들으면 금방 일에 대한 관심이 식어 버리고 긴장이 풀려 푸시를 강하게 받아야 반작용으로 일을 더 잘해내는 사람들도 있습니다. 이런 유형의 직원을 만나게 되면 상사들이 칭찬만 하거나 비판만 하는 방법에 대해 강한 유혹을 느낍니다.

이 방법들 자체가 잘못됐다고 바로 비난하기는 쉽지 않을 것 같습니다. 다만 이런 극단적인 방법을 택할 때는 해당 직원에게 상사가 진심으로 나의 발전을 바란다는 명료한 메시지도 함께 전달해야 하고, 방법에 대해 이의가 있을 때는 언제든 진솔하게 이야기를 나눌 준비가 되어 있다는 것도 함께 전달해야 합니다. 그렇지 않으면 상사의 진심을 오해해서 성과를 더 내고 발전하는 것이 아니라 그냥 싫은 사람 혹은 그냥 물러터진 상사라고 생각해서 부작용이 생기는 경우도 많습니다. 주변 동료들의 평판이나 팀 분위기까지 고려하면 솔직히 좋은 방법이라고 하기는 어려운 동기 부여 방식입니다.

③ 누군가가 싫거나 누군가가 좋다

아마도 편애하거나 반대로 누군가를 아주 싫어하는 상사들 대부분은 이 부류에 속할 겁니다. 논리도 없고, 목적도 없고, 그냥 사람이 좋거나 싫은 것이고, 그것을 행동으로 드러내서 당사자는 물론이고 부서 전체가 알게 만드는 겁니다. 이런 상사들은 그 행동의 원인을 알기도 어렵고, 편애의 경우 관심 받지 못하는 직원들이 문제 제기를 하더라도 자기가 언제 그랬냐고 펄쩍 뛰는 경우가 대부분입니다.

즉, 자신의 태도에 대해 객관적인 판단이 안 되는 거죠. 누군가를 좋아하거나 싫어할 수는 있지만, 그것이 실적이나 실력과 상관없고, 개인을 동기 부여 하려는 목적도 없는 순전히 자기 기분에 따라 사람을 대하는 것입니다. 게다가 그것을 숨기거나 몰래 하는 것도 아니고 주변이 다 알게 만듭니다.

어떻게 생각해도 상사로서는 실격인 사람들이 굉장히 많습니다. 대체로 자아가 불안정한 사람들이나 자기 주장이 아주 강하고 자기 확신이 강한 상사들이 이런 미성숙한 태도를 보입니다. 소위 꼰대 기질이 강한 사람이거나 독재자나 정서 불안정이 높은 사람들이 이런 행태를 보이는 경우가 많아 주변 직원들 입장에서 문제 제기도 하기 어려운 경우가 대부분입니다. 정말 조직에 해로운 편애와 미움인데, 그 상사 밑에서 일하는 직원 입장에서 답도 별로 없는 상황인 것입니다.

💬4 정서적인 문제에 기반해서 편애한다

단순한 친소에서 출발한 편애도 답이 없다고 이야기했는데, 이것이 성격적 특성과 결합돼 나타나는 경우도 있습니다. 옆에서 지켜보는 직원들 입장에서 단순히 불편하다 정도의 느낌이 아니라 '정말 저 상사는 너무너무 못됐다' 혹은 '저 상사는 무섭다'라는 느낌이 들 정도로 누군가를 심하게 감싸돌거나 반대로 누군가에게 싫은 감정이 아닌 극심한 혐오감이 있다는 느낌을 받게 할 정도의 태도를 보이는 경우입니다.

이들의 이런 태도 역시 논리적인 추론으로는 도무지 설명이 안 됩니다. 왜냐면 자기의 마음속 깊은 곳을 상대가 건드렸거든요. 이것은 특히 누군가를 감싸고 도는 것보다는 누군가를 아주 미워하는 경우의 설명에 좀 더 용이합니다.

예를 들어 보면, 회사에서 고참 부장을 대상으로 희망 퇴직자 신청을 받는다는 소문을 출근길에 듣게 된 상사가 평소에 자기 의견이 분명하고, 주변에서 일 잘한다는 이야기를 듣던 과장에게 갑작스럽게 시비를 걸고 화를 냅니다. 과장 입장에서는 마른 하늘에 날벼락인데, 사실 이 상사는 이미 그 전부터 해당 과장에게 경쟁 심리를 느끼고 있었을 겁니다. 그리고 선을 넘어설 만한 외부적 압박이 생긴 순간 이성의 끈이 끊어진 거죠.

여기까지만 보면 분노 폭발형 상사와 같습니다. 하지만 이런 무의식이 한 번 분노로 표출되면 그다음부터는 분노 폭발이 반복됩니다. 이성의 끈을 통제하는 능력이 갈수록 줄어드는 셈이죠. 이런 봉변을 당한 부하 직원도 부하 직원대로 편안하고 친절하게 상사를 대하기 힘들죠.

성숙한 상사라면 자기의 잘못에 대해 사과했겠지만, 자기의 불안을 남에게 투사하는 수준의 상사가 잘못을 곧이곧대로 인정할 리가 없습니다. 결국 어느 순간이 되면 상사와 직원 사이는 서로 원수처럼 되고, 상사가 권력이 많기 때문에 직원이 정말 못 견디는 상황까지 내몰리는 게 대부분입니다. 자기 감정을 못 이기거나 자기의 불안을 못 견뎌서 남에게 돌리는 상사는 우리가 만날 수 있는 상사 중에서 거의 최악입니다. 그리고 그런 상사임을 증명하는 것이 특정인에 대한 이유없는 미움이거나 그 반작용으로의 편애입니다.

⑤ 정치적인 이유나 감춰진 목표가 있다

무의식이나 감정의 이슈가 아니라 철저하게 목적이 있는 편애나 미움도 있습니다. 소심하고, 무능하고, 눈치를 많이 보며 이기적인 상사가 갑자기 맥락 없이 특정인에게 아주 잘해 주거나, 반대로 아주 미워하는 것을 노골적으로 드러내는 것이 특징입니다. 이런 사람의 행태는 이유를 짐작하기 굉장히 쉽습니다. 뭔가 떨어질 떡고물을 노리고 있는 것입니다.

이런 사람은 단순히 편애 수준이 아니라 특정 직원에게 거의 아부에 가깝게 하는 경우도 있어서, 보고 있으면 정말 짜증이 몰려옵니다. 하지만 이유나 과정이 굉장히 잘 보이기 때문에 의외로 신경이 안 쓰이기도 합니다. 그 인간의 목적 있는 편애 때문에 나나 친한 동료가 직접적인 피해를 보지 않는 한 참을만 합니다. 이런 인간들은 자기 목적을 위해 다른 직원들에게 불이익을 주기 때문입니다. 그래서 문제가 커집니다.

대기업에서는 이런 일이 드문데, 중견 기업 이하, 특히 사장이나 고위 임원의 친인척 등이 엮인 경우에는 상당히 자주 보이는 것 같습니다. 이런 꼴 한두 번 보고 나면 정말 회사 다니기 싫어집니다.

편애의 다양한 양태와 이유를 추정해 봤지만, 대응하기는 공통적으로 어려운 것 같습니다. 상사가 이런 행태를 보일 때 쿨하게 이직하고 싶지만 잘못은 그 인간이 하고, 내가 이직이라는 고통스러운 과정을 거쳐가자니 더 억울한 상황이기도 합니다.

저울질 상사에게서 벗어날
대응 방법을 살펴보겠습니다.

① They go low, I go high

미국의 인종차별주의자들이 발호하는 것에 대해 미쉘 오바마가 했던 말이 "When they go low, we go high"였습니다. 의역을 하면 '저 인간들이 저질스럽게 행동해도 우리는 멋있게 나가자' 정도의 표현일 것 같습니다. 드러내 놓고 누군가를 감싸거나 반대로 누군가를 미워하는 상사는 어떻게 포장을 해도 무능하고 저질인 상사입니다. 그의 감정적인 선호에 대해 합리적으로 설명해 봐야 바뀔 리도 없고, 맞서 싸우면 갈등만 커질 가능성이 높습니다.

때문에 감정과 일을 분리해서 진행하려고 노력하는 게 아마도 가장 기본적인 대응법 같습니다. 이렇게까지 돈을 벌어야 할까 싶겠지만, 이직을 하려고 해도 준비 시간이 오래 걸리니, 그동안 조금이라도 스트레스를 줄일 수 있는 방법은 결국 상황과 나의 일에 대한 태도를 분리하는 것입니다.

다만 그 인간의 저질스러움은 시간이 갈수록 강해질 가능성이 높고, 나의 자존감은 계속해서 상처를 받을 테니 아주 오래 지속할 수 있는 대안이 되지 못할 것입니다. 조직 개편을 기대하거나, 이직을 준비하는 동안의 임시 방편입니다.

② 현 상황을 정상이라고 받아들이지 말 것

이런 상사 밑에서 일하다 보면 누군가를 노골적으로 좋아하거나 누군가를 미워하는 것이 조직 생활에서 정상인가 싶은 생각이 들 수도 있습니다. 명확히 말하지만 성과나 태도의 명시적인 문제가 있는 경우가 아니라면 누군가에 대한 노골적 호오는 분명 잘못된 겁니다.

그리고 설사 성과나 태도에 문제가 있는 직원이라 해도 정상적인 상사는 투명하고 공정하게 직원의 문제 있는 행동이나 부족한 성과에 대해 지적하고 개선을 요구하게 됩니다. 그렇지 않고 싸고 돌거나, 편을 가르거나 하는 행위는 절대 정상적인 상사가 보여서는 안 되는 행동입니다. 이런 행동을 정상으로 받아들이면 나도 나중에 상사가 되어 그들과 동일한 모습을 보이게 됩니다. 절대 정상이라고 생각하지 마세요. 그 사람의 질이 나빠서 그런 겁니다.

③ 작은 도움을 요청할 것

벤자민 프랭클린 효과(Benjamin franklin effect)라는 말이 있습니다. 누군가와 친밀도를 높이고 싶을 때 가장 좋은 방법은 그가 원하는 것을 '해 주는 것'이 아니라 '그가 나를 위해 무엇을 할 수 있도록 하는 것'이라는 설명입니다.[9]

이미 상사와의 관계가 망가질대로 망가졌다면 쉽지 않은 선택이지만, 상사가 나를 이유 없이 미워하는 것이 분명하다면, 그때쯤 상사에게 나를 도와달라고 이야기하는 겁니다. 좀 이상한 설명인가요?

내가 역량이 부족해서 상사에게 시달리고 있건, 아니면 이유 없이 눈밖에 나서 미움을 받고 있건, 상사에게 '제가 노력을 열심히 하고 있지만 상사님처럼은 제가 역량이 부족해서 못하겠으니 방법을 알려 주시면 열심히 해보겠습니다' 같은 식으로 요청하는 걸로 관계를 푸는 시도를 해 보는거죠. 자기가 유능하다고 믿는 꼰대나 부하 직원에게 경쟁심이나 질투를 갖고 있는 경우 그리고 소심한데 무능한 상사에게는 비교적 효과가 있는 방법이기도 합니다. 나를 통해 '자기의 유능감'을 확인하면 그다음부터는 조금 더 부드러워질 가능성이 높아지니까요.

다만 그에게 뭔가를 도와달라고 부탁하는 건 내 입장에서 자존감에 생채기가 날 수 있는 문제가 있습니다. 하지만 이직이 준비될 때까지의 시간을 벌어야 하거나 이직을 생각하기 어려운 상황이라면 우회로가 필요하다는 점에서 고려해 볼 방법일 것 같습니다.

4 중화시키는 전략을 택해 볼 것

상사가 나를 미워하는 것이 분명하거나 아니면 누군가를 싸고도는 것이 분명할 때 하나의 병법은 그 인간이 인정할 수 있는 업무 스킬 하나 정도만 만들어 보는 것입니다.

예를 들어 중요한 고객사와의 관계 하나는 꽉 잡고 있다든지, 복잡한 데이터 분석 작업만큼은 내가 잘한다든지, 아니면 기획서 하나는 내가 기가 막히게 쓴다든지 하는 것입니다.

이건 나의 상사와 관계를 풀기 위한 것이 아니라 내 옆 부서로 옮겨 가거나, 아니면 조직 개편 등으로 다른 상사가 오게 됐을 때 내가 그 전 상사와의 갈등 때문에 아무 일도 못하는 사람으로 회사 내에서 낙인 찍히는 상황을 방지하기 위한 것입니다.

"그 친구 잘하는 게 하나도 없어"라는 말이 상사에게서 옆 부서로 나가게 되면 나는 진짜 이직 외에는 전혀 답이 없어집니다. 하지만 "그 친구 일 진짜 못하는데, 고객사 하나는 그 친구를 좋아하더군" 같은 평이 돌아다니면 나는 스스로를 보호할 수 있는 최소한의 기반이 생기는 셈입니다.

이직 상황을 고려해서도 아무리 상사가 밉고, 그가 모든 업무에 대해서 태클하면 업무 스킬 한두 가지만은 붙잡아 보려고 노력해 보자.

그리고 하나에 집중하게 되면 상사의 괴롭힘이나 미운 행동이 눈에 덜 거슬리게 되는 부수적 효과도 있습니다. 어떤 방식이

건 상사와 전면적으로 갈등을 빚기 보다는 특정 영역에서만 갈등이 발생하게 해야 합니다.

 저울질 상사의 이유와 대응책

이유

·상사의 성격 문제가 아니라 나의 일처리 능력 부족일 때
·이유 없이 미워하거나 싸고돌 때
·상사의 정서적, 무의식적 약점을 건드릴 때
·정치적 이유나 감춰진 목적이 있을 때

대응책

·스스로의 자존감을 잃지 말아야 한다.
·현 상황을 정상이라고 생각하지 말자.
·작은 부탁을 해보자.
·중화시키는 전략을 택해 보자.

2

근거리
퇴사 유발자,
문제적 동료 유형

앞 장에서 살펴본 것처럼 회사 생활을 하다 보면 큰 문제로 나를 괴롭히는 건 대체로 상사들입니다. 하지만 상사보다 작지만, 끊임없이 사람을 힘들게 하는 건 오히려 주변의 동료들일 때가 꽤 있습니다.

착하고 성실하며, 타인에게 관심과 애정은 있지만 선을 넘지 않는 사람들을 동료로 만나면 참 좋습니다. 이런 동료를 만나면 회사를 다니는 즐거움이 확실히 생기죠. 운 나쁘게 상사가 나쁜 놈이 걸려도 주변의 동료가 좋고 믿음직하다면 퇴근 후 작은 술자리에서 함께 서로 고충을 털어놓으면서 회사 생활의 스트레스를 풀어 버리고 다음 날 다시 활력 넘치게 일을 해 나갈 수 있습니다.

하지만 반대로 성격과 태도에 문제가 심각한 동료가 곁에 있으면 너무너무 스트레스를 받습니다. 상사와의 문제가 상당 부분 업무나 부서 운영과 직접적인 관련이 있는 스트레스라면, 동료와의 갈등은 대부분 업무 수행과 별 상관이 없는 스트레스입니다.

즉, 문제적 동료와 함께할 땐 업무와 상관없는 문제를 고민하느라 시간과 에너지를 낭비해야 한다는 것입니다. 게다가 심각한 상사와의 갈등은 회사 내에 존재하는 공식적인 문제 해결 체계, 즉, 인사팀과 면담을 하거나, 공개적인 문제 제기를 하거나, 아주 심할 경우 법률 등에 호소해서 해결을 시도할 수 있지만, 문제적 동료로 발생하는 이슈의 대부분은 해결하기에는 분명 작고 사소한 문제들입니다. 그렇지만 힘들지 않다는 뜻도 아니고, 오히려 작고 사소하기 때문에 지속적이고, 은밀해서 당하는 사람을 의기소침하고 지치게 만듭니다. 작은 두통이나 허리통증처럼 분명 존재하고, 불편하고, 계속 신경 쓰이는데 막상 외부에 호소하자니 별 것 아니거나 눈에 보이지 않고, 그렇다고 그냥 무시할 수는 없는 그 무엇이 바로 문제적 동료가 만들어 내는 상황들입니다.

이번 장에서는 다양한 문제적 동료 중에서 비교적 빈도가 높게 보이는 몇 가지 유형에 대해 그 양태와 대략의 원인 그리고 간단한 대응 방법들을 다루려고 합니다. 이 방법들만 가지고 완전히 해결될 수는 없겠지만, 문제적 동료 한두 명 때문에 힘들게 들어가서 열심히 버텨 내고 있는 현 직장에서의 커리어가 꼬이는 사태는 막을 수 있는 작은 기반이 되면 좋겠습니다.

산만한 몽상가

B2B 업체의 시장 분석 업무로 입사한 김 과장은 자기에게 배정된 3명의 직원 중 한 명을 도무지 이해할 수가 없었다. 출근을 지각 30초 전에 하는 것이야 요즘 젊은 직원들이 많이 그런다 이해할 수 있었다. 하지만 그는 보고서를 위해 자료 정리를 해줘야 하는 시간에 인터넷 쇼핑을 하고 있고, 근무 시간에 부서원들을 모아서 회의를 하려고 할

때면 누가 봐도 화장실에서 자기만의 취침 시간을 갖다가 막 튀쳐 나온 것 같은 뻘겋게 졸린 눈을 보여 준 것만 한 달 사이에 세 번이었다. 만들어 오는 조사 자료는 잘 만들었다 아니다가 아니라 불과 A4 용지 한 장 정도의 분량에서 오탈자만 평균 3~4개였고, 오전에 분명 미국 시장 조사를 해 오라고 신신당부를 했는데 오후에 가지고 나타난 것은 국내 시장 자료인 식이었다.

나름 이름만 들어도 알 만한 대기업인데, 어떻게 저런 직원이 신입으로 입사할 수 있나 싶어 김 과장은 주변에 그 신입이 혹시 대표 집안 사람이냐고 은밀히 물어보기까지 했지만, 그런 것도 아니었다.

컴퓨터 앞에서 졸고 있는 것을 네 번째 본 날 김 과장은 그 사원을 불러 1:1 면담을 했다. 업무에 도무지 집중도 못하고, 가지고 오는 결과물도 제대로 된 적이 한 번도 없고, 근무 시간에 보여 주는 태도도 문제가 많다고 최대한 감정을 싣지 않고 차분하게 전달했다. 괜히 발끈하면서 어쩌나, 자기는 잘하고 있다고 주장하면 어쩌나 내심 걱정하면서 이야기를 꺼냈는데, 돌아온 대답은 상상 이상이었다.

"과장님, 저는 이 회사에서 대표이사까지 가는 게 꿈입니다. 그런데 최근 저의 일하는 모습이 탐탁하지 않은 것 같은데요, 이 면담을 계기로 다시 초심으로 돌아가겠습니다. 저도 이 회사에 공채로 들어올 정도로 한 번 하면 잘할 수 있습니다. 조금만 기회를 주십시요."

그날부터 며칠 간 김 과장은 매일 아침 그 사원에게 작은 과제들을 줬다. 몇 개의 외부 조사 기관 자료를 하나의 엑셀에 모으고, 그 데이터를 기반으로 회사 시스템에 있는 공용 시장 자료들을 업데이트 하는 일이었다. 엑셀 항목에 불과 2~3개당 200여 셀, 전체는 600셀 정도도 안 되는 분량의 자료를 더하고 나누는 작업이었다. 하지만 첫날부터 숫자 오류는 10개가 넘었고, 한 조사 기관 자료는 통째로 빠져 있었다. 그러면서 오전 근무 시간에는 회사 건물 계단에 숨어서 모바일 게임을 했고, 오후 근무 시간에는 회의실 구석에 숨어서 낮잠을 잤다. 불과 며칠 전에 내뱉은 말에 대한 책임감은 온데간데없었다.

파트장에게 이야기를 해서 진지한 경고를 취해야 하나라고 김 과장이 고민하던 어느 날, 그 사원은 출근 시간이 한참 지난 시간에 다리에 커다란 깁스를 하고 목발을 짚으며 나타났다. 무슨 일인가 물어봤더니 출근길에 아파트 계단에서 굴렀다고 대답했다. 대답하는 모습이 뭔가 이상해서 그 사원의 동료들에게 넌지시 수소문해 보니 전날 밤 늦게 강동구 집에서 여자친구를 보겠다고 김포까지 자전거를 타고 갔고, 새벽이 다 되어 김포에서 회사가 있는 분당까지 자전거 타고 출근을 하다가 한강변에서 다른 자전거와 충돌했다고 이야기했다는 것이다.

그날 오후 내내 그 사원은 자리에서 계속 졸고 있었다. 젊은 혈기고, 여자친구와 함께 있고 싶어 그랬나 보다라고 이해해 주려 했지만, 왜 밤늦게 자전거를 타고 그 먼거리를 갔는지, 그리고 다음 날 근무를 해야 하는데 왜 새벽까지 그곳에 있었는지, 그리고 원인을 물었을 때 왜 거짓말을 했는지 김 과장은 도무지 이해하기가 어려웠다. 결정적인 사건은 자전거 사건 후 대략 한 달이 지났을 때였다. 금요일에 월차를 썼던 그 사원은 월요일 오전 출근 시간까지도 출근하지 않았고, 전화 연락도 되지 않았다. 결국 김 과장은 파트장에게 이야기를 했는데, 화합을 강조하는 기업 문화라 원만하게 넘어가자는 게 파트장의 당부였다. 괜히 인사팀에 이야기해서 문제를 키워 봐야 파트장 자신과 김 과장 지휘 책임만 복잡해진다는 것이었다. 다음 날 김 과장은 출근하는 사원을 붙잡고 무단 결근 사유를 물어봤다.

"여자친구가 LA에 갔는데, 금토일이면 충분할 것 같아 여자친구 보러 갔다 오다가 비행기 연결편에 문제가 생겼고 휴대폰도 잃어버려서 연락을 못드렸습니다."

인사팀에 이 사안을 가지고 갈까 말까를 고민하던 김 과장이 더 이상 고민할 필요가 없어진 것은 그다음 주 같은 부서 직원들끼리 나누던 이야기를 우연히 듣게 되면서였다.

"그 녀석 주말내내 중국에서 골프 치고도 모자라서 월요일에도 골프 치고 밤 비행기로 왔다고 자기 SNS에 자랑스럽게 올려놨던데?"

"다리 다친 게 불과 얼마 전이었잖아?"

"그것도 전날 술을 늦게까지 먹고 싶으니까 아는 형에게 부탁해서 아침에 깁스만 한 거래."

"넌 그걸 어떻게 알았어?"

"나 그녀석이랑 SNS 친구잖아. 그놈이 자랑스럽게 '나는 이렇게 위기를 모면했다'고 올려놨어."

회사에 직원이 새로 들어오면 대체로 기분이 좋아집니
다. 부려 먹을 사람이 생겼다는 생각보다는 내가 챙겨 주면서 같
이 성장할 수 있는 젊은 사람이 늘어나는 건 언제나 기분 좋은
일이니까요. 하지만 이런 기대를 무참히 박살내는 사람도 가끔
들어옵니다. 모든 기대를 실망으로 바꾸는 사람 중 가장 흔한 사
례가 회사를 들어온 것인지, 동아리를 들어온 것인지 착각하는
사람들입니다.

근무 시간에 대한 개념도 없고, 일을 해야 한다는 개념도 없으
며, 일의 품질에 대한 개념은 더더욱 없습니다. 그러면서도 자기
자신에 대한 평가는 한없이 너그럽고, 몽상가 같은 꿈을 꾸죠.

사람은 착한데, 상황을 모면하기 위한 잔머리는 끊임없이 굴
립니다. 하지만 그 잔머리조차도 철두철미하지 못합니다. 어떻
게 회사에 들어왔을까 하는 궁금증까지 들게 합니다.

그럼, 산만한 몽상가에 대해 자세히 살펴보겠습니다.

산만한 몽상가들은 딱히 나쁜 사람 같진 않은데, 남의 말을 제멋대로 해석하는가 하면, 일반인과는 다른 반응을 보이기도 해서 사람들을 당황스럽게 합니다. 게다가 자기 주관이 확고한 것도 아니고, 업무에 대해 책임감이 있는 것도 아니요, 무언가에 집중하는 것도 아니면서 그렇다고 인간관계가 딱히 좋은 것도 아닌 그야말로 어중간하고 어떤 의미에서는 자아가 잘 갖춰지지 않은 아이들 같은 행태를 보일 때가 많습니다.

상사들 중에는 이런 직원들도 잘 보듬고 잘 훈련시키면 따라오지 않을까라고 생각하는 사람들도 있습니다. 하지만 이런 정도의 압력에 굴할 사람들이 아닙니다. 이들은 주변의 압력이든, 교육이든, 심지어 달래기든 그 어떤 방법도 소용이 없습니다. 그나마 자기 혼자만의 문제로 끝나면 다행인데 그런 엉망인 태도를 지속하는 데다 주변에 계속 알리기 때문에 팀 전체 분위기를 엉망으로 만듭니다. 마치 사무실 한가운데 있는 시한폭탄 같다고 할까요?

그렇다고 아예 막무가내는 아닙니다. 다만 상황과 주변에 대한 파악을 제대로 못할 뿐이고, 그저 자기 하고 싶은 것만 하는 성향일 뿐입니다.

산만한 몽상가들은 왜 이런 행동을 하는 걸까요?

사람의 두뇌 기능 중 정신화(Mentalization)라는 것이 있습니다.[10] 이 기능은 겉으로 드러난 말과 행동 이면에 숨어 있는 의도나 감정 등을 발견하고 이해할 수 있는 능력입니다. '맥락 파악' 혹은 '상황 파악' 능력이라고도 합니다.

엄마가 "잘한다, 우리 아들!"이라고 하는 것과 "자알~한다. 우리 아들!"이라고 하는 것에 우리가 다르게 반응하는 이유는 바로 이 정신화 기능이 작용하기 때문입니다. 문제는 이 기능이 제대로 발달하지 못한 경우입니다. 특히 사춘기 이전에 이 기능이 발달하지 못하면 결국 철딱서니 없고 말귀 못 알아먹는 사람으로 성장하게 됩니다. 타인의 말을 곡해하고 상황을 제멋대로 해석하면서 상대방의 감정이나 의도를 이해하지 못하게 됩니다.

한마디로 현실 파악에 문제가 생기는 것입니다. 다만 상식이나 지식이 너무 부족하거나, 남의 말에 집중을 잘 못해서 말귀를 못 알아듣는 경우와는 다릅니다.

물론 이 문제가 아주 심각해지면 사회생활 자체가 불가능해질 테지만, 그 정도로 치료가 필요한 수준은 아닐 뿐더러 업무 상황에서는 심각한 문제를 초래할 수 있는 사람들이 회사에 들어오는 경우는 아주 흔합니다.

그럼, 회사에서 보이는 산만한 몽상가들의 행태에 대해 알아보겠습니다.

① 하나에 집중하지 못하고 산만하다

산만한 몽상가들은 하나의 주제, 하나의 업무에 끈질기게 매달리지 못합니다. 가만히 지켜보면 업무를 시작한 지 불과 5분도 안 돼서 뉴스 기사를 검색합니다. 그러다 휴대폰으로 메시지를 보내다가 다시 얼마 후에는 게임을 시작합니다. 화장실 갔다가, 뭔가를 먹다가, 가방을 뒤지다가, 사람을 만나서 수다를 떠는 식으로 시간을 보냅니다. 그리고 다시 업무를 시작하는 때는 이미 두어 시간은 지난 뒤입니다. 업무를 하기 싫어서가 아니라 매사에 이런 식입니다. 뭐 하나 제대로 진득하게 하는 경우가 없습니다.

재미있는 건, 이런 특성 때문에 산만한 몽상가들은 다양한 취미를 보유하고 있습니다. 사람도 엄청 만나러 다니고, 여러 모임에도 빠지지 않고 참석합니다. 업무 시간에 취미 모임을 위한 장소 예약을 알아보느라 시간을 쓰고, 정작 취미 모임에 가면 그 모임에 집중하는 것이 아니라 그다음 모임 혹은 주말 동호회 관련 자료를 찾고 있는 모습을 보입니다. 이런 식으로 일하고 이런 식으로 사람을 만나니, 일의 결과물이 잘 나오거나 사람들과 깊은 친분을 유지할 수가 없습니다.

2 갑자기 하나에 심하게 몰입한다

산만한 몽상가들도 몰입하는 일이 있기는 합니다. 문제는 그것이 주변과 합의된 일이거나 혹은 주변에서 요청한 일, 혹은 주변에서 예상할 수 있는 일이 아닌 완전히 엉뚱한 것이라는 겁니다. 업무 시간에 자기 취미 모임 저녁 장소를 찾는 것에 꽂히면 부서 회의 전부터 찾기 시작해서 회의 중에도 음식점을 찾는 열성을 보입니다. 아니면 시간을 정해 각자 업무를 해 오기로 했는데 마감 시간 10분 전까지 자기가 꽂혀 있는 새로운 정보를 찾다가 10분 전에서야 부랴부랴 업무를 시작하기 일쑤입니다.

가끔은 업무에 필이 꽂힐 때도 있는데, 이럴 때도 하기로 한 일이 아니라 자기 관심이 생긴 일에만 열심입니다. 가령 모든 시장 조사 업체의 자료를 정리하기로 했는데, 업체 자료 중 하나가 재미있으면 계속해서 그 업체 자료만 잔뜩 들여다봅니다. 결국 마감 시간을 넘기고서는 배시시 웃으면서 "자료 하나가 눈을 끌어서 좀 자세히 이해하려고 들여다보는 데 벌써 시간이 이렇게 지났네요"라고 말합니다.

3 일에 대한 집중과 시간 관리 능력이 부실하다

산만한 몽상가들이 일의 결과물을 가져오면 제대로 만들어지는 때가 더 신기합니다. 특히 세세하게 집중이 필요한 업무는 거의 항상 크고 작은 문제를 만들어서 가져옵니다. 오탈자나 숫자 계산 오류는 기본, 업무 양식을 맘대로 바꾸기, 진행 순서 뒤섞기, 합의된 업무가 아닌 아예 엉뚱한 업무 해 오기 등의 다양한 기술을 선보입니다. 게다가 이런 점을 지적해도 그 순간뿐이고, 해당 업무뿐이며 이런 장면은 계속해서 반복됩니다.

하지만 이에 대해 그들은 매번 '실수였다', '원래 잘했는데 긴장해서 잘 안 된다', '너무 뭐라고 하니까 의기소침해져서 더 실수한다' 같은 말을 무한 반복합니다. 업무 자체만큼이나 중요한 시간 관리도 엉망진창입니다. 업무 마감 시간을 무시하는 건 이미 언급했지만, 심한 사람은 자기 맘대로 업무 마감 시간을 바꾸고는 '바꾼 시간에 맞춰 하기로 했는데 왜 화를 내느냐'라고 하는 경우도 있습니다. 그 누구도 바뀐 시간 공지를 받은 적이 없는데 말이죠.

4 꿈은 거짓말처럼 원대하다

이런 태도와는 별개로 산만한 몽상가들과 이야기를 나누면 가지고 있는 꿈이 정말 원대하다는 걸 알게 됩니다. 너무 원대하다 보니 도무지 현실성이라는 걸 찾아볼 수가 없습니다. 예를 들어, 자전거 동호회 몇 번 갔다 오면 자기 꿈은 투르 드 프랑스(Tour de France) 우승이라고 합니다. 그러다 몇 달 지나면 이번엔 컴퓨터 게임이 좋다면서 프로게이머가 되어 연봉 30억 원을 받을 것이라고 합니다. 그러면서 이번에 산 컴퓨터 사양이 프로게이머들 것보다 좋다고 떠들어 댑니다. 분명 천만 원 넘게 주고 산 최고급 자전거 할부 계산도 아직 끝나지 않았을 것 같은데 말이죠. 이런 이야기를 너무도 진지하고 차분한 말투로 하고 있는 산만한 몽상가들을 보면 정말 아픈 사람 같지만, 다른 면에서는 지극히 정상입니다.

⑤ 무임승차에 아무런 책임감을 느끼지 않는다

앞에서 설명한 모습이 너무 자주 반복되다 보면 결국 주변 사람들이 지쳐서 알아서 일을 안 주는 경우까지 생깁니다. 즉, 스스로 의도한 것은 아니겠지만 실질적으로는 완전한 무임승차자가 되는 겁니다. 조직이 아주 빡빡하고 개개인 단위로 철저하게 관리하는 회사면 모르겠지만, 상대적으로 느슨하거나, 관련 규정 적용을 피하는 조직 문화를 가진 곳에서는 아주 흔한 유형입니다. 때문에 이들 주변에 있는 동료들 입장에서는 이들의 행동도 짜증 나는데 이들의 일까지 넘어와서 처리해야 하니 이중고에 시달리게 됩니다. 더 어이없는 경우는 이런 상태를 만들어 놓은 장본인들은 주변에서 화를 내도 자존심이라도 상한 척해야 하는데, 오히려 일이 없다고 좋아하며 여기저기 자랑까지 합니다.

'설마 저런 사람이 회사에 있을까' 싶겠지만, 생각보다 많습니다. 예시로 든 사례는 제가 회사 생활 동안 직간접적으로 만난 직원들이 보여 준 모습을 윤색한 것이니까요.

산만한 몽상가들이 동료로 있을 때 적절한 대응책이 있을까요?

① 최대한 명료하게 이야기하세요

예시에 보여 준 모습은 잔머리를 엄청 굴리는 사람처럼 묘사되기는 했지만, 이런 직원들 중 상당수는 굉장히 착합니다. 이기적이거나 자기중심적이어서 문제 행동을 하는 것이 아니라, 마음이 현실에 발을 제대로 붙이고 못하기 때문에 나오는 행동이라 할 수 있습니다. 그래서 바로 화를 내고 몰아붙여 봐야 순간의 화는 가라앉힐 수 있지만 문제 해결에 도움은 안 됩니다.

이런 동료와 일을 해야 하는 상황이라면 우선 업무 관련 사항이든 업무 처리 방법의 기술이든 최대한 정확하고 꼼꼼하게 전달해야 합니다. 이들이 딴짓하고, 엉뚱한 일을 하며 시간을 지키지 않는 것은 철저하게 이기적인 것이 아니라 그냥 머리가 분산이 잘되는 것뿐이니, 이들의 두뇌가 딴짓을 못하게 아주 명확하게 요구하는 것이 중요합니다.

가끔은 특정 분야의 일을 잘하기 때문에 그런 부분을 발견해서 경쟁력을 갖춰갈 수 있도록 도와주고, 그럴려면 일을 차분하게 진행할 수 있도록 자세한 설명과 매뉴얼을 최대한 제공해 줘야 합니다.

② 점검 간격을 최대한 짧게 하세요

산만한 몽상가들에게 일을 하나 주고 일주일 뒤에 보자고 하면 6일 23시간 놀다가 1시간 작업해서 가지고 옵니다. 사람이 기회주의적이고 놀기를 너무 좋아해서 그런 것이 아니라, 정말 머릿속에서 숙제해야 한다는 것을 떠올리지 못해서입니다. 때문에 이들과 일을 해야 하는 상황에서는 점검 간격을 최대한 짧게 해야 합니다.

산만한 몽상가들은 앞에서 보았듯이 특성상 호언장담을 잘합니다. 그러니 무시하고 최대한 짧은 간격, 반나절이 넘지 않는 시간 간격으로 일을 나누고 확인하는 작업을 반복해야 합니다. 이렇게 반복하다 보면 가끔 정말 기대를 뛰어넘는 결과물을 가져오기도 하니 인내심을 가지고 반복하는 게 중요합니다.

③ 자주 칭찬해 주고 동기 부여 해 주세요

크고 멋진 보상을 아무리 이야기해 봐야 금방 집중력이 흐트러집니다. 핵심성과지표(KPI) 같은 것을 들이밀어 봐야 좀 지나면 잊어버립니다. 사춘기 중학생 다룬다고 생각하면 여러 가지로 비슷합니다.

이들에게는 길고 먼 약속보다는 하루 한 번 정도 '잘하고 있다', '어제보다 낫다' 같은 말이 훨씬 효과적인 동기 부여 방법입니다. 내 일도 정신없어 죽겠는데 어떻게 동료나 후배에게 이런 것까지 챙기란 말인가 하고 화내는 사람도 있겠지만, 앞서 이야기한 것처럼 산만한 몽상가와 일을 할 수밖에 없는 상황일 때의 조언입니다. 당연히 선택할 수 있다면 같이 일 안 하는게 좋지만 회사는 내 맘대로 되는 게 아니니까요.

④ 가끔 딴짓하는 시간을 허용해 주세요

산만한 몽상가의 성향은 단기간 내에 고칠 수 없습니다. 때문에 이들이 몽상가 같은 헛소리를 하건, 아니면 무임승차 기질을 발휘하건, 그도 저도 아니고 그냥 공중에 떠 있는 사람의 행동을 하건 가끔은 약간의 심리적 공간을 허락해 주세요. 업무 마감 시간을 한두 시간 늦추던지, 딴짓하는 걸 적당히 눈감아주는 식으로 말이죠.

물론 계속되면 당연히 다시 업무를 주고 쪼여야 합니다. 계속해서 쪼이기만 하면 얼마 안 가서 정말 완전히 배째라로 나오는 수가 생깁니다.

이런 직원이 업무를 나눠야 하는 동료이건 후배 직원이건 일을 해야 하는 입장에서는 어떻게든 밀착 관리를 해야 합니다. 정말 엄격하게 관리하면 가끔은 같은 사람이 한 게 맞을까 싶을 정도의 결과물도 가져오니, 기회를 주고 기다려주는 게 필요합니다.

이러한 조언은 그나마 착한 사람에게 해당하며, 사람의 성품 자체에 문제가 있어서 정말 뻔뻔한 몽상가 무임승차자라면 어떻게든 관계를 끊어야 합니다. 그렇지 않고 앞에서 언급한 방법들로 일을 시키려다가 나만 화병에 시달리게 됩니다.

산만한 몽상가의 특성과 대응책

특성

·하나에 집중하지 못하고 산만하다.

·엉뚱한 것에 갑자기 심하게 몰입한다.

·일에 대한 집중과 시간 관리 능력이 부실하다.

·꿈은 거짓말처럼 원대하다.

·무임승차에 아무런 책임감도 느끼지 않는다.

대응책

·최대한 명료하게 이야기해야 한다.

·점검 간격을 최대한 짧게 해야 한다.

·자주 칭찬해 주고 동기 부여를 해 줘야 한다.

·가끔 딴짓할 시간을 허용해 주자.

·산만한 몽사가에 극도의 뺀질이형이면 무조건 헤어져야 한다.

갑질하는 젊은 꼰대

김 대리에게는 새로 입사한 최 대리가 굉장히 자신감 넘치고 일을 잘할 것 같은 사람의 전형처럼 보였다. 사무실 안내와 부서 소개 및 간단한 OJT(on-the-job training, 직장 내 훈련)를 실시하는 동안 최 대리는 굉장한 열의를 보였고, 이것저것 매우 많은 질문을 했다. 그가 관심을 보인 분야는 특히 부서 내의 업무 분장과 상사의 일 처리 패턴이었는데, 상사에 대해서만 수십 차례 질문을 했고, 김 대리가 상사에 대해 아는 걸 모두 이야기하고 나서야 질문 세례가 멈췄다. 최 대리는 김 대리에게 설명이 고마워서 자기가 맡게 될 업무 외에 부서 공통 업무 중 김 대리 몫의 잡무 몇 개를 가져가겠다고 먼저 제안했고, 김 대리는 이런 최 대리에게 고마움을 느꼈다.

어느 정도 시간이 흐른 후 지켜보니 최 대리는 부서 파트장인 이 차장은 물론 팀장과 아주 편안하게 1:1로 이야기를 나누고 있었다. 파트장이나 팀장 모두 평소 성격이 굉장히 까칠하고, 워커홀릭 기질이 많은 꼰대였고, 눈에 띄는 직원들을 데리고 갑자기 술자리에 끌고 가는 습관도 있었기 때문에 대부분의 부서원들은 슬금슬금 피했고, 이런 부서원들에게 짜증 난 표정만 보여 주던 두 사람이 최 대리와 이야기를 나누는 동안은 너무도 편하고 만족하는 표정을 짓고 있었다.

아무튼 최 대리는 자기에게 주어진 업무에 대해서는 집요할 정도로 열심히 하고 있었다. 근무 시간에도 흐트러지는 모습이 거의 없었고, 부서 회의 등에는 특히 열심이었다. 무엇보다 상사들이 직접 지시한 사안들은 다른 업무가 있어도 모두 뒤로 미루고 그 업무만은 미친듯한 속도로 처리했다.

그러던 어느 날, 김 대리가 최 대리에 대한 소문을 듣게 됐다. 최 대리가 파트장 및 팀장이 가는 거의 모든 술자리에 참석하면서 새벽에 귀가하는 경우가 잦고, 주말에는 팀장과 골프를 자주 치러 간다는 것이었다. 그리고 부서원 중 몇 명이 최 대리를 무서워한다는 것이었다. 술

자리를 자주 가거나 골프를 치는 건 그럴 수 있다고 생각했는데, 부서원 중 일부가 최 대리를 무서워한다는 것은 도무지 이해하기 힘들었다. 최 대리는 김 대리에게는 여전히 친절하고 자신감 넘치는 모습만을 보여 주고 있기 때문이다.

소문을 자세히 알아보니 겉에서 보이는 모습과 완전히 다른 이야기들이 들리기 시작했다. 대체로 일을 잘 못하거나 계약직 등으로 부서 내 영향력을 행사하지 못하는 어린 직원들에게 최 대리가 강압적인 느낌을 주는 말들을 하거나 입사한 지 몇 개월밖에 안 된 대리임에도 재계약에 대한 협박 같은 말을 하면서 자기 일을 떠넘기고 있다고 했다. 최 대리가 해 준다고 했던 부서 공통 업무 중 김 대리의 몫도 이미 계약직 사원들에게 넘긴 지 오래였다.

이 이야기를 듣고 난 뒤, 김 대리는 최 대리를 지켜보며 섬뜩한 느낌을 지울 수가 없었다. 자세히 보니 최 대리가 잘해 주는 사람은 확실히 정해져 있었다. 팀장과 파트장 두 명은 최우선 순위였다. 자기 일도 미루면서까지 팀장과 파트장이 요청하는 것은 초고속으로 실행하고 있었고, 개인적인 시간을 전면적으로 희생하면서도 그들과는 개인적인 친분을 쌓고 있었다. 입사 몇 달 만에 이미 상사들은 최 대리를 다음 파트장 후보로 꼽고 있는 분위기였다. 그리고 같은 대리들 중에서 최 대리가 갖지 못한 전문 지식을 가지고 있는 사람들에게도 역시 친절했다. 김 대리가 그간 최 대리의 나름 갑질하는 모습을 보지 못한 것도 순전히 김 대리가 부서 내의 기술 관련 업무를 전담하고 있었고,

최 대리 역시 김 대리의 도움 없이는 업무 진행이 복잡했기 때문이다. 그 외 인물들에 대해서는 자신보다 상급자라고 해도 존재 자체를 무시했고, 사원급에게는 강압적이기 그지 없었다. 그들에게 워낙 냉혹하게 말했기 때문에 벌써 계약직 직원 몇 명은 화장실에서 울기까지 했다고 한다.

김 대리는 최 대리의 행태가 과하다는 생각을 지울 수 없어서 파트장에게 1:1 면담을 요청해 이런 사실을 보고했다. 힘겨워하는 어린 직원들뿐 아니라 팀 전체의 분위기를 생각해서라도 최 대리의 행태에는 통제가 필요하다는 의견까지 말했다.

그리고 며칠 후 퇴근 시간이 가까워질 무렵 최 대리가 김 대리의 옆을 지나가면서 비웃음이 섞인 표정으로 이야기했다.

"김 대리! 파트장에게 뭔가 이야기한 모양인데, 내가 그랬다는 증거 있어? 그렇게 동료를 모함하면 안 되지 않아?"

눈치 빠른 사람들은 감이 오겠지만, 앞에서 설명했던 자기중심적 꼰대의 어린 시절에 대한 설명이 이번 유형이 될 수 있습니다. 상사로 만나면 거의 답이 없는 부류라고 했는데, 동료나 부하 직원으로 만나도 참으로 대책 없는 부류입니다.

철저하게 목표 지향적이고, 자기 목적에 맞게 사람을 나눠서 한없이 친절하거나, 목적에 필요 없으면 한없이 냉혹하게 이용하고, 자기가 잘났다는 생각이 너무나도 강렬해 진실된 면은 없지만 사람을 끌어당기는 매력이 있어서 조직에서 승승장구하는 이 부류의 인간들을 '갑질하는 젊은 꼰대'라고 부르겠습니다.

우선, 갑질하는 젊은 꼰대들이 보이는 행태의 특징을 살펴보겠습니다.

① 자신감에 차 있고, 말을 잘한다

갑질하는 젊은 꼰대들은 사람들과 함께 있을 때 활력이 넘침니다. 외모도 잘 꾸미는 편이고, 무엇보다 말을 잘합니다. 굉장히 자신감 넘치는 목소리와 몸짓, 눈빛까지 자신감을 충분히 어필합니다. 특히 처음 만나는 사람에게는 매너가 좋습니다. 그래서 이들이 제일 잘하는 것이 취업 면접입니다. 영민한 편이고, 상대가 무엇을 듣고 싶어 하는지 본능적으로 파악해서 자신감 넘치는 모습으로 전달하니 웬만하면 뽑고 싶어집니다. 여유 있는 태도에 유머도 잘 구사합니다. 면접뿐만 아니라 회의 자리라든지 발표 자리에서도 이들은 자기를 정말 잘 포장합니다. 모르는 사람이 보면 정말 능력자라는 생각이 들 정도입니다.

② 자기 자신의 능력에 대해 과신한다

갑질하는 젊은 꼰대들은 말을 많이 하는데, 자세히 들어 보면 특히 자기 자신의 능력에 대한 자랑이 많습니다. 물론 이를 굉장히 세련되게 전달합니다. 역량뿐 아니라 미래에 자기들이 만들어 낼 결과에 대해서도 큰소리를 잘 칩니다. 그래서 이들을 잘 모르는 사람 혹은 상사의 눈으로만 보면 자신감인지, 자기 과신인지 구분할 수 없습니다. 일정 시간을 함께 보낸 동료들이나 아랫사람들은 자기 과신이라는 게 보입니다. 하지만 이 문제적 인물의 상사에게 '과도한 자기 과신이 느껴진다'고 전달할 방법이 없다는 게 답답할 뿐입니다. 상사 눈에는 그저 자기 일 잘하고 자신감 넘치는 직원이거든요.

③ 상사나 권력자에게는 목숨까지도 바칠 정도다

갑질하는 젊은 꼰대들은 수평적 인간관계라는 개념이 약합니다. 두 부류의 카테고리만 존재합니다. 잘해줘야 하는 사람과 막 대해도 되는 사람입니다. 전자는 대체로 윗사람, 권력자들이지만, 동료나 후배 중에 자기가 활용할 수 있는 정보나 재능을 가지고 있되 자신에게 적대적이지 않은 사람도 포함됩니다. 나머지는 모두 후자에 들어갑니다.

회사의 직원들 중에는 조금 무능력한데 연차가 많은 중간 직급자들이 있습니다. 만년 대리, 만년 과장이라고 불리는 사람들이죠. 갑질하는 젊은 꼰대들이 이들에게 보이는 태도를 보면 완전한 무시입니다. 좀 더 나아가서 자기가 아랫사람임에도 불구하고 완전히 하인 부려 먹듯이 하는 경우도 있습니다. 자기에게 도움이 안 되는 동기, 아랫사람들에게는 아예 막나갑니다.

갑질하는 젊은 꼰대들은 기본적으로 사람을 도구로 생각하는 성향이 강한 편인 데다 스스로에 대해서는 매우 잘났다고 믿기 때문에 약점이 보이는 사람에게 인간적인 존중이라는 걸 해 줄리가 없습니다.

이런 이들이 특히 성과를 중요시하고 실적만을 평가하는 조직 문화에서 일하게 되면 완전히 물 만난 고기가 됩니다. 신문에 나올 만한 갑질 사고를 치게 되는 거죠.

④ 상명하복과 위계가 중요한 조직에 최적화돼 있다

조직 문화가 자율을 중요시하고, 권한이 분산돼 있는 조직에서는 갑질하는 젊은 꼰대들이 움직일 공간이 많지 않습니다. 이 문화에서는 주변의 모든 사람에게 잘해야 하는데, 이 부류는 주변 사람들 모두와 잘 지내는 법을 모릅니다. 본능적으로 권력의 향방을 잘 읽고, 주류에 줄서고 싶어 하는데, 수평 조직에서는 이렇게 움직일 여지가 없거든요.

때문에 이들은 주로 상명하복과 위계를 중시하는 조직을 좋아합니다. 누구에게 잘해야 할지가 아주 명확하고, 일단 자기가 권력을 갖게 되면 휘두를 여지도 많거든요. 그리고 윗사람의 취향을 굉장히 잘 파악하고, 이를 위해 집요하게 노력하기 때문에 위계 조직에서 정말 잘 살아남습니다.

⑤ 성과는 없고 핑계는 많다

갑질하는 젊은 꼰대의 에너지는 주변 사람, 특히 상사들에게 가 향합니다. 그리고 나머지 에너지는 자기를 드러내는 데 사용하죠. 사람의 에너지는 무한대가 아니기 때문에 당연히 집중력과 집요함이 요구하는 일에서는 큰 구멍이 나게 마련입니다. 때문에 실제 만들어 내는 성과는 호언장담하는 것에 비해 부실한 경우가 많습니다. 그래도 이들은 교묘하게 책임 부분에서 빠져나갑니다. 필요하면 거짓말까지 하면서 상대에게 뒤집어씌우는 짓도 전혀 개의치 않습니다. 뒤집어씌울 사람이 없어도 어떻게든 핑계를 만들어서 빠져나가죠.

대체로 머리가 좋아서 호언장담한 일을 가져온 다음 일의 구조를 만들 때부터 주변에 책임을 분산시키거나 윗사람의 성향을 이용해 윗사람이 책임지게 만듭니다. 그리고 자기는 열심히 했다는 식의 알리바이를 만들어 놓죠. 때문에 성과가 안 나와도 책임을 지는 법이 별로 없습니다.

주변에 이런 동료가 있으면 속터져 죽을 것 같지만, 막상 따지고 보면 그 사람이 실제 책임져야 할 타당한 이유도 딱히 없습니다. 그렇게 만들어 놓은 후에야 일을 시작하거든요.

요약하자면 대략 이런 사람입니다.

- 상사가 보고 있을 땐 팀워크의 화신처럼, 상사가 사라지면 팀워크를 배신하고 다른 사람에게 떠넘긴다.
- 평소의 업무는 엉망인데, 상사의 평가 업무만은 합작 프로젝트처럼 직원들을 구슬려서라도 그럭저럭 버텨낸다.
- 상사가 하는 말에 무조건 끄덕끄덕하지만, 결국 무슨 지시를 받은 건지 알지 못해 주변에게 물어보기를 반복한다.
- 일하는 시간보다 외모 꾸미는 시간이 많고, 세련되게 입지만, 외모만 세련될 뿐 내용도, 내공도 없다.

이런 갑질하는 젊은 꼰대 동료가 주변에 있으면, 나의 정서적 안정과 직무적 안정에 심대하게 영향을 미치게 됩니다.

그렇다면 갑질하는 젊은 꼰대들은 어떻게 대응해야 할까요?

1 문제를 합리적으로 지적하지 마세요

갑질하는 젊은 꼰대들에게 논리적으로 상황을 설득해 봐야 이기적이고 자기중심적이며, 타인의 입장 따위는 아예 고려하지 않는 태도를 가진 이들은 절대 바뀌진 않습니다. 따라서 논리적으로 설득하려고 시도하지 마세요. 시도하는 순간 그 사람들의 귀에는 "나는 당신의 적입니다"라고 입력이 됩니다.

이런 사람과 친하게 지낼 이유는 전혀 없지만, 굳이 적이라고 노골적으로 선언할 이유도 없겠지요. 보복을 잘하는 인간들이기 때문에 적대 관계를 만들면 여러 가지로 피곤해집니다.

2 거리를 두고, 미러링을 하세요

갑질하는 젊은 꼰대들이 일을 떠넘기려 하거나, 책임을 회피하려면, 미러링(Mirroring)으로 대응하세요. 우는소리하며 일이 많아서 힘들다고 좀 나눠서 해달라고 할 때, 한 번 들어주면 그다음부터는 아예 대놓고 일을 떠넘깁니다. 일이 많다고 우는소리할 때 나도 같이 우는소리를 하세요.

"아이고, 힘들겠어요. 그런데 어쩌지? 나는 어제 밤샜는데….
혹시 내 일도 좀 나눠서 해 줄래요?"라는 식으로 말이죠.

③ 윗사람의 권위를 활용하세요

그럼에도 불구하고 갑질하는 젊은 꼰대들이 자꾸 나에게 일
을 떠넘기려 하면 이렇게 말하세요.

"우리 둘 다 일이 너무 많아서 힘든데, 팀장님께 가서 일 좀 줄
여달라고 할까요?"

이처럼 말하면 갑질하는 젊은 꼰대들은 절대 팀장에게 안 갑
니다. 굳이 드잡이하지 말고, 윗사람이면 꼼짝 못하는 기질을 활
용하세요.

④ 안 되는 건 처음부터 칼같이 자르세요

갑질하는 젊은 꼰대들의 특징은 한 번 호의를 베풀어 주면 그
게 권리인 줄 압니다. 이런 기질이 있다는 게 확인되면 그때부터
매몰차게 자르세요. 물론 화를 내면서 자르면 뒷담화나 보복으
로 돌아오니, 싱글싱글 웃으면서 안 된다고 자르세요. 절대 도와
주거나 부탁을 들어주면 안 됩니다. 나에게 돌아오는 건 계속되
는 무리한 부탁 그리고 혹시 거절할 경우에 무지막지한 뒷담화
뿐입니다.

5 사고 수습은 사고자가 하게 하세요

갑질하는 젊은 꼰대들은 사고를 잘 칩니다. 그리고 수습은 주변에 마음 약한 사람들이 떠안는 경우가 많습니다. 절대로 사고를 대신 수습하면 안 됩니다. 역시 웃으면서, "그건 당신이 저지른 일이니 당신이 수습해야 할 것 같아요. 그럼 이만!"의 태도를 유지해야 합니다.

6 상사와의 관계에 신경을 더 쓰세요

상사에게 이쁨을 꼭 받아야 하거나 상사에게 어떻게든 달라붙어 있을 이유야 없지만, 주변에 갑질하는 젊은 꼰대 동료가 있다면, 평소보다 상사와의 신뢰 관계를 만드는 일에 더 신경을 써야 합니다. 나의 업무 태도나 성과를 만드는 방식, 대인 관계 등에 상사가 평소에도 충분히 인지할 수 있도록 반복적으로 전달을 해야 합니다. 그래야 갑질하는 젊은 꼰대들이 나와 상사 사이에 끼어들어 이간질을 할 가능성이 줄어듭니다.

갑질하는 젊은 꼰대에게 이간질과 상사의 관심을 독점하려고 하는 태도는 본능입니다. 이러한 본능을 파악하면 강력한 신뢰 관계가 만들어져 있는 상사와 부하 직원 사이에 갑질하는 젊은 꼰대들은 들어갈 여지가 없어집니다. 상사를 별로 좋아하지도 않는데 괜히 짜증 나고 자존심 상하는 일이라 생각이 들면, 다음과 같이 생각하면 한결 낫습니다.

'상사는 나의 고객이고, 그 고객이 나의 성과라는 상품을 사 줘야 나에게 그 판매 대금으로 월급이 들어온다'라고요. 상사에 게 맞추는 것은 짜증 나지만, 고객이라면 조금은 참아 줄만 하지 않을까요?

갑질하는 젊은 꼰대의 특성과 대응책

특성

·자신감에 차 있고, 말을 잘한다.

·자기 자신의 능력에 대해 과신한다.

·상사와 권력자에게는 엄청 잘한다.

·상명하복과 위계가 중요한 조직에 최적화돼 있다.

·핑계를 잘 만들고 잘 빠져나간다.

대응책

·문제를 명시적으로 지적하면 안 된다.

·거리를 두고, 미러링을 하자.

·윗사람의 권위를 활용하자.

·안 되는 처음부터 칼같이 자르자.

·자기의 일은 스스로 해결하게 하자.

·상사와의 관계에 신경을 더 쓰자.

능력자시니
자알~ 알아서 하겠죠!

질투의 화신

박 대리가 중소 규모의 홍보 대행사로 이직한 것은 석 달 전이었다. 입사 직후부터 같은 팀의 김 대리는 좋은 말벗이 되어 주었다. 첫날의 어색한 분위기 속에서 사람들을 주도해 점심시간에 환영회를 열어 주고, 이후에도 이것저것 많은 것들을 챙겨 주었다. 둘은 거의 매일 점심을 같이 먹었고, 부서의 특성이나 팀장의 특이한 성격 등에 대해 많은 것을 공유했다. 일주일 뒤 박 대리의 생일날, 김 대리가 어떻게 알았는지 박 대리 책상 위에 작은 케이크와 손편지를 남겨 주기도 했다. 박 대리는 이직 전에 홍보 대행사가 어려운 직장이라는 이야기를 많이 들었는데, 이런 좋은 친구가 생기면 충분히 해볼만 하겠다는 느낌이 드는 한 달을 보냈다.

그러다 갑자기 김 대리의 태도가 돌변한 것은 한 달여가 지난 시점에서였다. 팀장이 팀 회의 자리에서 박 대리가 일을 기대했던 것보다 훨씬 잘한다면서 특히 자기 분야에 대한 전문성이 많으니 다른 사람들도 많이 물어보고 의견을 구하라는 이야기를 한 것이 원인인 것 같다. 다음 날부터 점심시간에 다른 약속이 있다며 먼저 나가는 것을 시작으로 얼마 뒤에는 부서의 대리 직급끼리 모이는 저녁 자리를 알려 주지 않고, 분기에 한 번씩 있는 대표와의 식사 자리도 전혀 언급하지 않아 약속 직전에서야 박 대리가 다른 점심 약속을 취소하게 만들었다. 주변에서는 박 대리와 김 대리가 친하니 알아서 알려 줬겠거니 하는 분위기였지만, 김 대리는 팀 회의 이후로 업무에 관련된 일 이외의 개인적인 이야기는 아예 하지 않았다.

박 대리는 김 대리의 갑작스러운 변화가 너무 당황스러워 조심스럽게 1:1로 물어봤지만, 김 대리는 "그냥 내가 요즘 바빠서 이야기를 못나눴네요. 박 대리님이 일을 잘해서 회사에서 돌아가는 일들도 다 알고 있는 줄 알았죠"라고 하며 그냥 가 버렸다.

그 사이 고객사 프로젝트 2개가 동시에 진행되는 일이 생겼고, 박 대리와 김 대리에게 하나씩 맡겨졌는데, 김 대리 쪽은 결국 고객사 비딩에서 탈락한 반면 박 대리가 맡은 프로젝트는 고객이 제안에 만족해서 애초 이야기했던 것보다 더 크게 진행하자는 이야기가 나왔고, 팀장은 팀의 큰 성취라며 회식 자리에서 박 대리를 추켜 세웠다. 회식 때도 얼굴이 별로 좋지 않았던 김 대리는 다음 날부터는 박 대리를 아예 없는 사람 취급을 했다. 회사에서 얼굴을 마주쳐도 인사도 하지 않았고, 회의 등의 자리에서는 박 대리 쪽으로 얼굴도 돌리지 않았다. 박 대리에게 일이 몰려도 김 대리는 전혀 일을 가져가거나 도와주려는 태도도 보이지 않았다. 한두 차례 부탁을 해도 매몰차게 거절을 했다. "능력자시니 잘 알아서 하시겠죠"라고 하면서. 그러면서도 김 대리는 자주 박 대리의 주변을 왔다 갔다 했는데, 박 대리가 컴퓨터로 작업하는 내용을 염탐하는 게 아닐까 하는 생각이 들 정도로 특이한 태도를 보였다.

입사 후 두 달 반이 넘어갈 즈음에 박 대리는 부서 내에 자기에 대한 이상한 소문이 돌고 있음을 알게 됐다. 그동안 박 대리는 일도 많고, 김 대리 때문에 신경을 쓰다 보니 장염과 대상포진이 동시에 걸려서 아픈 거 티내고 싶지 않아서 주변에는 알리지 않고 팀장에게만 며칠 병가를 쓰겠다 하고 다녀 온 적이 있다. 소문은 그 병가 이후 돌기 시작했다. 휴가 후 박 대리는 밀린 일들을 처리하느라 다시 야근을 시작했고, 야근 도중 팀 내 결혼한 사원 한 명이 조심스러운 말투로 "힘든 일이 있었다던데 너무 무리하지 마세요"라고 이야기해서 그 소문을 듣게 됐다. 소문인 즉슨 박 대리가 남자친구와의 사이에서 애가 생겼는데 일이 더 중요하니 임신 중절 수술을 하느라 병가를 냈다는 것이다. 남자친구도 없고, 임신 중절 수술은 더더욱 아니었던 박 대리는 이 황당한 소문의 진원지를 찾기 시작했고, 한참을 여기저기 알아보니 김 대리가 만든 소문이었다. 화를 참을 수 없어 김 대리에게 따져 물으니 김 대리는 다음과 같이 대답했다.

"일할 때 보면 늘 컴퓨터 화면을 누구에게 안 보여 주려 하고, 배를 자주 붙잡고 있으면서, 화장실도 자주 가는데 갑자기 병가를 쓰니 그렇게 생각할 수도 있지 않아요? 누가 아예 없는 말 만들어 낸 것도 아니고, 그럴 수도 있죠."

앞의 사례에게 보여 주고 있는 유형은 주위 사람들에게 선물을 잘합니다. 주변 사람들에게 선물을 잘하니 착한 사람인 것 같죠? 문제는 선물이 그냥 선물이 아니라는 것입니다. 낚시를 하기 위한 미끼라는 겁니다. 강태공 못지않는 실력으로 미끼를 던집니다.

낚시의 신 곧, 질투의 화신들에 대해 알아보겠습니다.

① 괜찮은 사람처럼 보인다

질투의 화신들을 처음 만나면 드는 생각이 있습니다.

"좋은 사람이구나!"

이런저런 잡다한 정보에도 밝고, 회사 내에 돌아가는 것에 대해서도 잘 알고 있습니다. 그리고 이들은 내게 어떤 것이 필요하다는 것도 마치 제 마음속을 들여다본 것처럼 파악해서 내게 그

것들을 가져다줍니다. 어떤 대가도 없이 말이죠. 너무도 친절하고 웃는 얼굴로 곰살맞게 내게 잘 맞춰줍니다. 그리고 보통 업무적 관계라도 챙기기 쉽지 않은 작은 일들, 예를 들면 가족 생일까지 기억했다가 적절한 선물을 주곤 합니다. 고마운 마음이 절로 듭니다. 그리고 바로 이 순간, 나는 미끼를 제대로 물어서 낚인 겁니다.

② 갑자기 나를 공격하기 시작한다

질투의 화신들은 잘해 주다가 어느 날부터 이런저런 부탁이나 요청을 하기 시작합니다. 처음에는 별거 아닌 것들부터 시작합니다. 그리고 점점 복잡하고 어려운 것들을 부탁하기 시작합니다. 점점 부탁이 아니라 요구로 바뀌게 됩니다.

하지만 처음에 관계가 워낙 좋았고, 선물을 포함한 이런저런 고마운 일들이 아직 마음에 찰랑거리고 있어서 쉽게 거절할 수가 없습니다. 그들의 요구를 잘 들어주고 또 뒷담화에 어느 정도 맞장구를 쳐주는 동안 그들은 나를 공격하지 않습니다. 이 단계에서는 나 또한 이 사람들을 '착하지만 조금 귀찮게 하는 동료' 정도로 생각하게 됩니다.

그러다가 이들이 태도를 완전히 바꿔서 나를 공격하기 시작하는 때가 옵니다. 내가 그들의 요구를 거절하거나 그들의 '경쟁자'로 인식됐을 때죠. 불과 며칠 전까지 커피도 마시고, 산책도 같이 다니던 사람이 갑자기 신경을 미묘하게 긁는 말을 하기 시작합니다. 듣는 순간에는 뭔지 파악이 잘 안 되다가 곰곰히 생각해 보면 나를 무시하거나 내 일에 대해 시비를 거는 것이었음을 깨닫게 하는 교묘한 말투죠. 그리고 그 정도는 시간이 지나면서 점점 심해집니다.

그렇지만 여전히 직접적 공격이 아니라 말이나 행동을 곱씹어 봐야 나를 공격한 것임을 알 수 있는 유형이라서 제대로 대처하기가 어렵습니다.

③ 이중 메시지를 통해 분노를 끊임없이 유발한다

말이나 행동이 겉으로 비춰지는 것과 실제 속뜻 사이에 큰 차이가 있는 것을 '이중 메시지'라고 합니다. 이들 질투의 화신들이 공격할 때 가장 많이 사용하는 패턴이 이중 메시지입니다. 가령 내가 이들과 동일한 팀장 밑에서 다음 프로젝트 리더 자리를 놓고 경쟁한다고 생각해 보겠습니다. 경쟁이 시작된 후 거의 교류가 없던 그가 갑자기 전화를 해서 이런 말을 합니다.

"요즘 잘 지내죠? (적당한 인사말 후) 어휴! 저는 어제 팀장님이 갑자기 퇴근하시다 말고 한잔하자고 하셔서 새벽까지 술먹느라 힘들었어요. 팀장님이 요즘 좀 힘드셨던 모양인데, 자꾸 2차, 3차 가자고 하셔서 혼났습니다."

이 말이 어떻게 해석되나요? 어제 늦게까지 술 마셔서 힘들다? 아니면 팀장이 요즘 힘든 게 많으니 알고 있으라는 뜻? 질투의 화신들이 뜬금없이 이런 이야기를 하는 의도는 다음과 같습니다.

"팀장이 힘들 때 찾는 사람은 나야. 내가 너보다 팀장이랑 친하고, 팀장이 인정하는 사람도 나야."

이들의 이중 메시지 패턴이 이해되나요? 이런 이야기를 할 때도 많습니다.

(교류도 없다가 탕비실에서 우연히 만났는데) "대리님, 잘 지내시죠? 어휴! 대리님은 데이터 분석에 능력이 있으니 좋으시겠어요. 저는 팀장님 때문에 맨날 전략 수립 파워 포인트를 만드느라 정신을 못차리고 있는데…."

이 말의 의미는 짐작이 가나요? 나의 데이터 분석 능력을 칭찬하는 말일까요? 아닙니다. 다음과 같은 뜻입니다.

"너는 할 줄 아는 게 데이터 분석밖에 없지? 난 팀장님과도 친하고, 지금 니가 하는 데이터 분석보다 훨씬 중요한 전략 수립을 하고 있다고!"

이들의 말에는 세 가지 정도의 속뜻이 있습니다. 바로 탐색, 자기 자랑 그리고 우월감입니다. 이들은 자기 말을 거역한 반역자나 경쟁자가 어떤 생각을 하고 있는지 꼼꼼히 체크하려 합니다. 그래서 맥락이나 친밀도에 안 맞는 탐색 질문을 많이 합니다. 예를 들어 자기 부서의 업무도 아닌데 "저번에 임원분들 참석하신 워크숍에 가셨어요?" 같은 식으로 남의 부서 관련해서 질문을 하는 식으로 말이죠.

그리고 이어지는 말들에는 자기 자랑이 깔려 있습니다. 물론 순수한 자랑이 아니라 상대에 대한 무시가 같이 섞여 있습니다. 때문에 이들 말의 속뜻을 정확히 인지하지 못해도 말을 섞고 나면 뭔가 찜찜하고 기분이 나빠집니다. 교묘하게 포장하기 때문에 대화의 순간에는 느끼기 어려운데, 뒤돌아서면 말의 뜻이 해석되기 시작하면서 짜증이 확 밀려옵니다.

🖐 공과 사의 경계가 없다

질투의 화신들은 언제나 최소 한두 명의 추종자들을 데리고 다닙니다. 가장 흔하게 이들의 추종자가 되는 사람들은, 좁은 분야에 지식과 집중력이 강한데 사회생활이나 인간관계에서는 조금 폐쇄적인 사람들입니다.

앞서 이야기한 것처럼 이들은 자기에게 경쟁이 되거나 자기 요구를 거역하는 사람에게는 칼을 갈지만, 자기 말을 잘 듣는 사람에게는 곰살맞을 정도로 잘하거든요. 그래서 경쟁자가 될 확률이 낮고, 부탁을 하면 곧잘 들어주는 성격의 사람들을 데리고 다닙니다. 예를 들면 좁은 분야에 전문성이 있지만 인간관계에서의 처신이 미숙하거나 열려 있지 않은 사람 즉, 스테레오 타입으로 말하면 '공대생 스타일'이라고 할 수 있습니다. 또한 순진한 신입사원이나 신규 입사자들도 이들이 눈독을 들이는 사람들입니다. 그런데 이들이 신입사원들에게 하는 이야기를 들어보면 다음과 같습니다.

"나만 잘 따라오면 승승장구할 수 있어. 내가 또 팀장님하고 친하니까 스타일 잘 알거든."

이들의 주특기인 이중 메시지를 해독하면 이런 뜻입니다.

"내가 팀장과 친하니 너희들의 인사고과를 주는 데 영향력을 발휘할 수 있다. 그러니 내 말 거역하지 말고 잘 들어라."

원래 성숙한 직장 선배라면 이렇게 이야기해야겠죠.

"우리 회사에서 인정받는 분들의 업무 스타일은 ~하시고, 대인 관계에서는 ~하시는 것 같습니다. 저도 많이 배우려고 노력하고 있지만, 아직 미숙해서 어렵네요. 임원분들과 팀장님들이 모두 친절하시니 관련해서 자주 여쭤보고 조언 들으시면 도움이 되실 것 같아요."

질투의 화신들은 이런 식으로 자기와 업무 즉, 공과 사를 구분하지 못합니다. 그리고 자기가 가진 아주 알량한 권력(위의 예시에서는 직장 선배라는 위치)을 가지고 자기 능력 밖의 일인 데도 자기가 힘을 쓰면 만들어 낼 수 있는 것처럼 이야기를 합니다.

5 정작 책임져야 할 상황에서는 무조건 피해 버린다

말은 거창하게 하지만 정작 실제로 일을 처리해야 하는 상황이 왔을 때 질투의 화신들은 절대로 책임지지 않습니다. 힘든 일이 주어지면 자기 주변의 추종자들(이런 사람을 '능력 있는 사람'이라고 따르고 추앙하는 무리들도 꽤 있습니다. 겉보기엔 멋있고 나름 괜찮은 스펙을 가지고 있는 경우도 많거든요)에게 교묘하게 일을 뿌립니다. 그리고 자기는 쏙 빠져나가죠. 가령 이런 식입니다.

겉으로 하는 말
(많은 양의 자료를 처리해야 하는 과제가 주어졌을 때)
"회사에서 인사 규정 개선 관련해서 TFT를 만든다는데, 내가 주요 멤버인가 봐. 그것 때문에 내가 다음 주까지 꼼짝할 수가 없네. 그래서 말인데, 이번 데이터 처리 건은 네가 맡아 주면 좋겠어. 마침 네가 잘하는 게 데이터 분석이잖아. 고마워!"

이중 메시지 해석
"내가 잘나가서 TFT에서 부르는데, 실제 TFT 건은 별로 할 일 없는데 일하기 싫어서 대는 핑계고, 자료 처리 업무는 일이 너무 많아서 내가 하기 싫거든. 너 같은 애들이 그런 험한 업무를 해야지, 나 같은 능력자는 좀 더 큰일을 해야 하지 않겠어?"

질투의 화신들은 책임을 무조건 나몰라라 하지 않습니다. 다만 다른 사람에게 넘길 뿐이죠. 그리고 절대로 자기 핑계를 대지 않습니다. "정말 하고 싶은데 '객관적 상황'상 내가 할 수가 없네"라는 식으로 넘깁니다. 사정을 뻔히 아는 사람이 볼 땐 말도 안 되는 소리지만, 이런 사정을 모르는 신입사원, 신규 입사자, 인간관계가 폐쇄적인 사람, 순진한 사람 등은 낚시에 걸려든 물고기마냥 낚여서 덤터기를 쓰게 됩니다.

6 상대의 질투를 유발하려다 정작 자신이 질투하게 된다

질투의 화신들은 아무런 장점도 없어 보이고, 순진하며, 받아들여 주는 것 같은 성품을 가지고 있는 사람에게는 아주 잘해 줍니다. 하지만 조금이라도 능력이 있는 것 같은 동료에게는 상당한 거부감을 드러냅니다. 그리고 그 동료가 업무적 성과를 인정받아 상사의 칭찬을 받는 일이 생기면 완전히 질투 모드로 바뀝니다. 그러면서 이런 동료들에게 끊임없이 자기 자신에 대해 어필합니다. 자기의 외모, 자기가 가진 가방, 해외여행 다녀온 경험, 해외 유학 경험 같은 것들을 은연중에(사실은 노골적으로) 드러냅니다.

팀 회의 같은 자리에서도 주도하려고 하면서 굉장히 유식한 것 같은 식의 전문 용어를 사용합니다. 물론 이 전문 용어에 대해 구체적인 설명을 물어보면 대답이 궁해집니다. 사실 이들과 관련된 거의 모든 일이 이런 식입니다. 가방을 왜 샀냐고 물어보

면 "이게 요즘 핫한 연예인이 매고 나온 거잖아" 같은 답이 돌아
오고, 해외여행에 대해 물어보면 "거기가 저번에 TV 프로그램
에 나와서 떴잖아" 같은 말이 돌아옵니다. 겉보기가 더 중요하
다고 생각하는 피상적 태도를 보이는 사람입니다. 그리고 이런
것들을 드러내며 질투의 대상자에게 "이거 어때? 내가 가지고
있으니까 부럽지?" 같은 태도를 취합니다. 질투의 대상자가 이
에 대해 계획대로 반응해 주면 질투의 감정을 거둬들이면서 다
시 잘해 줍니다. 하지만 크게 신경 쓰는 것 같아 보이지 않는다
면 우울해 하고, 더욱 질투의 감정을 불태웁니다.

　그러고는 불타는 감정을 품고 상사나 주변 사람에게 달려가
"저 못된 인간이 나를 무시한다" 혹은 "저 사람 너무 자기만 잘
난 줄 알아" 같은 말들을 만들어 냅니다.

주변에 질투의 화신 같은 동료가 있을 때
어떻게 해야 할까요?

① 나의 자존감에 계속 생채기를 낼 겁니다.
　스스로를 깎아내리지 마세요

　질투의 화신들과 함께 지내다 보면 의기소침해지거나 우리
스스로를 낮춰 보는 일이 자꾸 생깁니다. 무엇보다 이들의 자기
우월감 전달을 위한 이중 메시지의 반복 때문인데요. 즉, "나는

너보다 윗사람과 친하고, 너보다 인정받고 있고, 너보다 중요한 일을 한다."는 속뜻을 가진 자기 자랑을 늘어놓습니다. 무시할 수 있으면 좋은데, 이 부류는 본능적으로 사람이 불편해하거나 약점을 교묘하게 잘 찾아내서 그 부분에서 자기가 우월하다는 메시지를 계속 던집니다. 처음에는 불편하고, 분노도 치밀다가 계속 반복해서 듣다 보면 '내가 실제로 좀 부족한가?'라는 의구심이 들게 됩니다.

자기 객관화는 좋은 습관이지만, 남이 자꾸 나를 깎아내린다고 해서 스스로 위축될 필요는 없습니다. 이것이 가장 중요한 대응 원칙입니다. 속된 말로 '자뻑'과 '관종' 성향이 강하고, 권력 앞에서 바짝 자신을 낮추며 기고, 이익 앞에서만 친절한 멍청이들이 하는 말에 내가 위축된다면 그 멍청이들의 낚시질에 놀아나는 겁니다. 신뢰성도 책임감도 없는 사람들이 던지는 무책임한 말은 듣지 않는 것이 정신 건강에 좋습니다. 자기에 대한 비판적 고찰은 신뢰성과 성숙미가 충분한 상사가 주는 피드백으로도 충분합니다.

② 질투의 화신들 행태가 악한 경쟁심과 질투라는 걸 인지하는 게 중요해요

내 앞에서 나를 자꾸 위축시키고, 나 스스로를 의심하게 만드는 질투의 화신들은, 정작 당하는 상대보다 문제가 훨씬 많은 인간이고, 그들의 공격 패턴은 교묘하게 이중 메시지로 상대의 분노를 유발시킨다는 것을 깨닫는 게 중요합니다. 그래야 그들의 패턴이 보이고, 그들의 실제 속뜻이 파악됩니다. 질투의 화신들의 속뜻이 파악되기 시작하면 그들의 말이 더 이상 내게 큰 상처로 다가오지 않습니다.

이들은 절대 상대에게 직접적인 공격의 말과 행동을 하지 못합니다. 그럴 만한 용기도 역량도 없습니다. 휘둘리게 되면 힘들고, 짜증 나고, 화가 치밀어 오르지만 막상 그 실체를 인지하게 되면 '내용도 없고 자존심도 없고 책임감도 없는' 사람인 게 잘 보입니다. 한참 모자란 인간이 떠들어대는 소리에 귀 기울일 필요도, 감정이 동요될 이유도 없습니다.

물론 질투의 감정을 못이겨서 주변 사람들에게 계속 없는 말을 만들면 그때는 대응해야겠죠. 그 전까지는 인지하고, 무시하는 게 제일 속 편합니다.

❸ 맞상대하지 말고 무시하세요

질투의 화신들은 주기적으로 나타나서 사람의 기분을 망칠 것이고, 이에 무시하더라도 다시 나타나서 감정의 뼈를 때리고 지나갈 겁니다. 그럴 때마다 동요하지 말고 그러려니 하는 태도를 보이면 됩니다. 상대의 감정을 동요시키는 식으로 경쟁하는 사람들인데, 상대가 동요하지 않으면 그들도 더 이상 어떻게 하지 못합니다. 오히려 맞상대를 해 주면 객관적 상황을 희한하게 이용해서 나를 희생양으로 만들어 버립니다. 상대가 냉정하고 정확한 사람이라면 그들의 책략을 정면으로 부딪혀 박살 낼 수 있지만, 그런 성향이 아니라면 상황을 고통스럽게 만들 수 있는 사람들입니다. 상대해 봐야 얻을 것도 없으니 싸우지도, 피하지도 말고, 깔끔하게 무시합시다.

나의 성숙한 대응이 필요합니다. 그리고 간혹 마음 약한 사람들 중에는 그들이 초기에 보인 호의를 거절했다고 '내가 너무 매몰찼나?'라는 생각을 하는데, 절대 그런 생각을 할 필요가 없는 것이, 그들의 호의는 그저 낚시질이었기 때문입니다. 낚싯바늘에 꿴 미끼를 물지 않았다고 생각하면 됩니다. 목적이 있는 호의기 때문에 거절해도 내 잘못이 아닙니다.

④ 실력으로 입을 막으세요

질투의 화신들이 질투를 하는 이유나 관심을 받으려고 무리수를 두는 근본적인 이유는, 자아는 약하고, 실력은 없는 데다가, 혼자 조용히 있지도 못하는 성향이기 때문입니다. 어떻게든 사람들에게 관심은 받아야겠는데, 업무적인 실력은 부족하니 이상한 행동을 하거나, 외모에 엄청 신경 써서라도 실력자들에게 아부하고, 질투하는 겁니다. 정서적으로 불안정하고, 세상에 대한 피상적인 이해만 가지고 있는 사람들이기 때문에 진지하게 자신에 대해 진지하게 생각해 보라든지 반성을 하라든지 등의 이야기는 전혀 먹히지 않습니다.

특히 질투의 대상이 된 동료가 이런 이야기를 하면 반감만 더 커질 뿐입니다. 윗사람에게 관심과 인정을 받으려고 혈안이 되어 있는 사람들이기 때문에 무시하는 전략이 안 먹히는 경우도 종종 있습니다. 윗사람이 냉정하고 합리적인 사람이면 걱정할 게 없는데, 비슷한 부류인 경우거나 아부를 좋아하는 사람이면 같이 놀아나는 경우도 많습니다.

그렇다고 직접 대응은 효과가 없으니, 이럴 때야말로 실력과 실적에만 집중하는 게 도움이 됩니다. 실력자에게 덤벼들 수 있는 배짱이 없어 질투하는 것이기 때문에 실력의 틈을 계속 벌리면 되고, 윗사람이 인정할 정도의 실적을 쌓으면 비록 무능력한 상사라 해도 나에게 일정 부분은 의지하게 됩니다.

그리고 너무 상황이 꼬여서 이직하게 되거나 혹은 상사가 바뀌는 경우에도 실력과 실적은 사라지지 않으니 좋은 일입니다. 가장 중요한 것은 그들의 정신사나움과 흔들기에 나 스스로의 페이스를 잃지 않고 일에 매진하는 겁니다. 모기 같은 존재라서 잊어버리거나 편안하게 지낼 수는 없지만, 실력으로 모기장을 치는 게 제일 낫습니다.

질투의 화신의 특성과 대응책

특성

· 잘해 주다가 경쟁자로 인식하는 순간부터 갑자기 공격한다.

· 이중 메시지를 통해 상대의 분노를 유도한다.

· 공과 사의 구분이 없다.

· 책임져야 할 상황에서는 피한다.

· 상대의 질투를 유발하려고 하지만 정작 자신이 질투한다.

대응책

· 내가 문제가 아니니 자존감을 깎아내리지 말자.

· 질투의 화신들의 행태는 악한 경쟁심과 질투라는 걸 인식해야 한다.

· 맞상대하지 말고 그냥 무시해도 된다.

· 실력을 쌓고 일에만 집중하면 된다.

피해자 코스프레

전자제품 제조사를 다니는 김 팀장은 최근 갑자기 전혀 참여하고 싶지 않은 전사 태스크 포스(Task Force)팀의 책임자가 됐다. 대표가 소위 CFT(Cross functional team)를 좋아해서 사안만 생기면 무조건 만든다고 평소에 투덜거릴 정도로 CFT는 그냥 별 볼 일 없는 이벤트였고, 대충 일하다 보면 원래 업무만 잔뜩 밀리는 짜증 나는 일이었다.

하지만 이번은 사안 자체가 CFT가 반드시 필요한 상황이었고, 그것도 일에 파묻혀 죽을 정도로 많을 것이 뻔했다. 일본의 대지진 때문에 일본 측 납품사 피해 상황을 파악할 수가 없었는데, 일본산 생산 기계와 화학약품을 제조 라인 전체에 걸쳐 많이 사용하고 있었기 때문에 수입이 안 될 경우 영향이 어느 정도인지, 그리고 국내나 중국 등에서 다른 공급처를 확보할 수 있는지 최대한 빠르게 정리를 해야 했다. 부랴부랴 팀이 꾸려졌는데, 지방의 공장별 구매 담당 인원부터 일본에 가 있는 파견팀 멤버까지 서로 안면이 없는 사람들이 본사의 대형 회의실에 모였다. 원료 재고 중에는 불과 반달 정도면 소진될 정도로 보유량이 적은 물품도 있었기 때문에 팀원들 간에는 그저 통성명과 담당 업무 정도만 소개하고 바로 일을 시작했다.

참여한 인원들은 사안의 중대함 때문에 대부분은 영민하고 자기 일에 대한 자신감이 충분한 사람들이었다. 즉, 팀의 에이스들이 모인 셈이었다. 때문에 간략한 회의만으로도 각자 자신이 어떤 자료를 찾고 정리해야 하며, 그 자료를 확보하기 위해 필요한 연락처나 도움이 무엇인지 아주 명확하게 알고 있었다.

그런데 유독 지방의 한 공장 구매팀 A사원만 완전히 꿔다 놓은 보릿자루 같은 태도를 보이고 있었다. 무엇을 해야 하는지도 잘 모르는 눈치였고, 어떻게 진행시켜 나가야 하는지도 잘 모르는 어리버리한 표정만 짓고 있었다. 김 팀장은 한 명, 한 명 업무를 챙겨 줄 여력 따위는 없었기 때문에 어떤 일이 돼야 하는지만 주지시키고, 일의 진행 방식은 원 소속 부서의 부서장과 이야기해서 일을 진행시키라고 지시했다.

하지만 불과 3일이 되기 전에 A사원의 업무는 계획보다 진도가 늦었고, 그나마 만든 자료도 오류투성이었다. 김 팀장이나 다른 TF 팀원이 그 공장 구매 팀장이나 공장장 등과 안면이라도 있었으면 그쪽을 통해서 자료를 받아올 텐데 그 공장은 작년에 인수한 공장이라서 아는 사람이 없었다. 때문에 A사원에게 의존할 수밖에 없었는데 도무지 진도가 나가지 않았던 것이다.

다시 3일이 지나고 대표이사 보고까지 일주일이 남은 시점에 더 이상 A사원만 믿고 가다가는 일이 완전히 틀어질 것이 뻔해 보여서 김 팀장은 A사원에게 맡겼던 업무를 다른 TF 팀원들에게 나눠 주었다. 공장은 달라도 총 구매량 자료가 있고, 타 공장의 공장별 보유 재고량 및 평균 소진 속도만 명확해지면 문제의 공장 현황 파악 자체에 아주 큰 문제가 생기지는 않을 것이기 때문이다.

황당한 일은 업무를 재분배하고 난 직후에 일어났다. A사원이 갑자기 자리에서 일어나 화장실로 달려가더니 한참을 울고 나온 것이다. 김 팀장은 황당했고, 짜증도 많이 났지만, 자기 지휘하에 있는 직원도 아니기 때문에 달래 줄 겸 잠깐 면담을 했다. 하지만 A사원의 태도는 반성하거나 죄송하다는 태도가 아니라 왜 자기만 미워하냐는 식이었다. 좀처럼 화를 내지 않는 김 팀장도 A사원의 태도 때문에 싫은 소리를 잔뜩할 수밖에 없었다. 그러고 나서 김 팀장은 본사 회의에 다녀왔고, A사원은 자기 자리로 돌아가서 "소속 팀에서도 일을 너무 많이 주는데, TF팀도 일을 너무 많이 요구해서 힘들어 죽겠는데, 팀장이라는 사람이 위로는 안 해 주고 혼내기만 하고 억울해" 하며 다시 한 번 울음을 터뜨렸다. 결국 김 팀장은 A사원이 두 개 부서 사이에서 힘들겠다고 위로를 하고, 적당히 달래면서 TF 업무는 최소로 해 주고, 나머지 자료는 다른 TF 팀원들의 도움을 받기로 했다. 일이 덜어진 A사원은 다음 날부터 얼굴이 눈에 띄게 밝아진 반면, 다른 팀원들은 밤샘을 하느라 다크서클이 발밑까지 내려올 정도였다. 하지만 A사원은 일이 확 줄었기 때문에 보고가 마무리될 때까지 야근 없이 일찍 퇴근하게 해 주니 얼굴이 더 좋아졌다.

보고 후 부서로 복귀한 김 팀장은 A사원의 태도가 뭔가 석연치 않아서 A사원의 원래 소속 부서장에게 연락을 했다. A사원이 TF팀을 처음해 봐서 고생이 많았다는 이야기로 조심스레 말을 시작한 김 팀장은 그런데 왜 급한 TF팀인데 부서 일을 하라고 시켰냐고 돌려서 물어봤다. 그랬더니 A사원의 소속 부서장의 대답은 다음과 같았다.

"A사원이 TF팀에 간 이후로 한 번도 부서 일을 준 적이 없습니다. 저희도 TF팀 상황이 급한 걸 잘 아는데 부서 일 못 시키죠."

연차가 많은 사람들에게는 잘 보이지 않는 행태지만, 직장인들 중에서 자기가 얼마나 힘든지 아느냐 혹은 자기가 얼마나 억울한 상황에 처했는지 아느냐며 자기는 상황의 피해자라고 주장하는 사람이 있습니다. 앞에서 다루고 있는 사례의 A사원이 전형적인 피해자인 척하는 사람이죠. A사원은 일을 하지 않으려고 피해자 코스프레를 한 셈입니다. 웬만하면 만나고 싶지 않지만, 직장 생활을 하다 보면 A사원과 비슷한 사람을 심심찮게 보게 됩니다.

어떤 경우에도 자기 잘못은 없고, 이건 누구 잘못 때문이고, 저건 회사의 잘못이고 이도저도 아니면 운이 나빠서라고 줄줄이 억울함을 호소합니다. 마치 배우 같은 표정을 지으며 '자기가 얼마나 불쌍한 사람이고, 이 상황이 얼마나 억울한지 아느냐'는 말투로 피해자인 척하는 사람들, 이들이 바로 피해자 코스프레하는 동료입니다.

먼저, 피해자 코스프레하는 동료의 특징을 알아보겠습니다.

① 책임을 지려 하지 않는다

피해자 코스프레하는 동료들은 일상에서건 업무에서건 책임을 지지 않습니다. 이것은 어려워서 못하고, 저것은 배워 본 적이 없어서 못하고, 이것은 나보다 부서 내 다른 사람이 더 잘 아는 분야니 못하고, 나 같은 사람이 하기엔 어울리지 않으니 못하고 등의 말들을 나열합니다. 끝도 없는 핑계를 대면서 절대 책임을 지려하지 않습니다. 이들의 사전에 '제가 해 보겠습니다' 같은 말은 없습니다.

② 투덜댈 뿐 노력은 하지 않는다

피해자 코스프레하는 동료들은 책임을 지지 않을 뿐만 아니라 끊임없이 투덜거립니다. 남의 욕을 하거나, 자기가 얼마나 불쌍한 줄 아느냐 혹은 오늘 얼마나 재수가 없었는지 아느냐 같은 말들의 변주만 늘어놓습니다. 듣는 사람 입장에서 판단했을 때 본인이 행동했으면 문제가 풀렸을 것 같아서 그런 식으로 말을 전하면 돌아오는 대답은 자기가 왜 그 일을 할 수 없는지를 끝없이 설명합니다.

그래서 이들의 일상이나 업무에서는 변화도, 발전도, 성과도 나오지 않는 것입니다. 하루의 대부분을 자기가 일을 할 수 없는 이유를 생각하느라 바쁘기 때문입니다.

③ 타인의 동정을 이용한다

책임도 지지 않고 투덜거리기만 하는 피해자 코스프레하는 동료들의 먹잇감은, 착하고 동정심이 많아 남에게 냉정하게 대하는 걸 어려워하는 사람 그리고 부서가 돌아가는 상황을 자세하게 모르는 부서장입니다. 그리고 이런 유형들이 회사에서 제일 잘하는 건 실무를 자세하게 모르는 부서장과 실무를 잘 아는, 그래서 일을 많이 시키는 중간 관리자 사이에서 이간질하는 것입니다.

착한 사람은 이들의 끝도 없는 핑계를 들어주고, 거기에 일까지 떠맡아 주기 때문에 기막힌 이용 대상이 됩니다. 그리고 착한 직원이 일을 끝내면 그제야 그 일을 자기가 한 것처럼 위에 보고하죠.

만약 실무를 책임지는 중간 관리자가 이 술수를 꿰뚫어 보고 자기에게 일을 시키면 피해자 코스프레하는 동료들은 중간 관리자의 윗사람에게 가서 연극을 합니다. 중간 관리자가 일을 모르는 것은 물론, 무례하고 가혹하며 나의 고충을 무시한다는 식으로요. 상황을 잘 모르는 부서장이라면 중간 관리자의 리더십에 대해 의문이 들게 될 겁니다.

부서장과 중간 관리자가 상호 신뢰가 있고 이야기를 많이 주고받는 사이면 금방 문제가 드러나겠지만, 피해자 코스프레하는 동료들은 본능적으로 자기에게 동정심을 갖는 사람을 찾아 자기 이야기가 먹힐 수 있는 상황을 만들어서 일이 주어지는 것을 피해 갑니다. 동정을 무기로 사람과 상황을 조작하는 겁니다.

④ 자기가 불행해질 수 있는 상황을 만든다

어설픈 거짓말이나 수작이 안 통하는 상황이면, 자기에게 불행한 일이 일어나는 상황을 만들어 냅니다. 고객에게 한두 마디 불만을 듣고, 세상에서 다시없을 험한 말을 듣고 왔다는 식으로 이야기하거나, 자기보다 더 무능력한 직원과 친분을 쌓은 후 그 직원을 챙기느라 내가 너무 힘들다고 말하는 식이죠. 가까이에서는 잘 안 보이는데, 멀리서 보면 진짜 상황이 불행하지 않으면 못 견디는 사람 같습니다.

⑤ 타인에 대한 공격과 무례를 정당화한다

피해자 코스프레하는 동료들이 일이 안 되는 이유는 무조건 타인 때문입니다. 따라서 그 사람을 공격하는 건 정당방위입니다. 가끔 식당 등에서 종업원에게 말도 안 되게 무례하거나 화를 내면서 "당신이 나를 화나게 했잖아!"라며 폭발하는 사람들도 이 부류입니다.

물론 신문에 나올 정도의 중증 환자 수준은 회사에서 보기 쉽지 않죠. 때문에 우리가 직장에서 만나는 사람들은 중증처럼 심하지는 않지만, 이런 성향은 분명히 볼 수 있습니다. 자기보다 약자라는 게 확인되면 가차 없습니다.

6 수동 공격과 이간질을 통해 조직 분위기를 망가뜨린다

피해자 코스프레하는 동료들은 무책임하고, 싸구려 동정심을 사는 방식으로도 조직에서 버텨낼 수 있는 방법은, 조직 내에 분란을 만드는 겁니다. 없는 말을 만들어 내든, 있는 말을 교묘하게 바꾸든 직원들 간에 갈등을 만들어 냅니다. 너무 노골적으로 말을 만들면 자기가 책임져야 할 수도 있으니 공격하지 않는 것 같지만 사실은 공격인 수동 공격의 말투를 사용해서 말이죠.

그래야 직원이나 윗사람들의 관심이 자기에게 멀어져 일이 편해지니까요. 하지만 너무 관심이 식으면 다시 뭔가 불행할 수 있는 상황을 만들어서 사람들의 동정을 구합니다. 이들이 이런 행동을 하는 가장 큰 이유는, 사람들의 관심과 애정을 원하기 때문입니다. 다만, 보통 사람이 애정을 구하는 방법과는 많이 다릅니다.

피해자 코스프레하는 동료들은
왜 이런 행동을 하는 걸까요?

우선 명확한 건 이들의 피해자 코스프레 행동이 100% 의식적 행동은 아니라는 겁니다. 무의식적, 혹은 자동적 행동에 가깝습니다. 그리고 패턴이어서 어떤 상황에서건 반복합니다. 성격, 그중에서도 아주 근본적인 성격 때문이라고 알려져 있습니다.

이들 행동의 근본적인 목표는 관심과 애정을 받는 겁니다. 어릴 때 부모님이 너무 바쁘거나 냉정하게 대하면 일부러 꾀병을 부려서 부모님의 관심과 챙김을 받았던 것처럼, 성인이 된 이후에도 똑같은 패턴을 반복하는 겁니다.

다만 직장에서 만난 동료들에게는 꾀병이 통하지 않으니 뭔가 다른 핑계를 만드는 것입니다. 동료는 부모님처럼 계속해서 받아 줄 가능성은 많지 않으니까요. 때문에 이들은 자기에게 관심을 보여 줄 사람을 끊임없이 찾습니다. 그리고 그 사람이 이야기 들어주고, 부탁 들어주고, 할 일 대신해 주다가 나가떨어지면 다음 사람을 찾습니다. 애정을 갈구하지만, 사람과 대등하고 건강한 관계를 만드는 능력이 없기 때문에 이런 식의 관계만을 만듭니다.

본인에게 관심과 애정이 있어야 하고 떠나지 않게 해야 하는데, 동시에 책임은 지고 싶지 않기 때문에 사람을 조종하려 합니다. 이들이 피해자 코스프레를 하는 이유는 관심 때문이기도 하지만 사람의 동정심을 이용하면 자기가 약자면서도 타인을 조종할 수 있기 때문이기도 합니다. 이렇게 하다가 조종되는 사람이 부서장이면 나머지 부서원들은 모두 미칠 것 같은 상황이 발생하는 것입니다.

피해자 코스프레하는 동료는
어떻게 대응하는 게 좋을까요?

❶ 팩폭은 자제하자

피해자 코스프레하는 동료들에게 무책임하고, 일을 하지 않는다는 등의 피해자 태도 때문에 부서에 문제가 생긴다는 이야기를 직접 하지 않는 게 좋습니다. 이런 이야기를 하는 상대를 적으로 생각합니다.

이들이 피해자 코스프레를 지속하기 위해서는 항상 가해자가 필요합니다. 자신에게 잘못했다고 이야기하는 사람이야말로 최고의 가해자죠. 그런 이들에게 대놓고 사실대로 말하면 일주일도 안 돼서 사실대로 말한 상대에 대한 험담이 부서에 돌아다니는 걸 듣게 될 겁니다. 이들은 반성하는 기능이 없는 사람들입니다.

② 부드럽게 거절하자

피해자 코스프레하는 동료에게 조금이라도 호의를 베풀거나 동정심을 보여 주면 그때부터 갑자기 친한 척을 엄청합니다. 그러고는 끊임없이 자기의 불행에 대해 이야기를 합니다. 이럴 땐 그냥 일 핑계를 대고 끊어야 합니다. "더 들어주면 좋겠지만, 일이 많네. 나중에 이야기해…" 같은 식으로 말이죠. 그리고 업무 중에도 도움을 엄청 요청할 텐데 다른 핑계 대면서 도와주지 마세요. 도와줘봐야 고마워하지도 않을 뿐더러 그 일의 결과를 가지고 자기가 했다고 떠들고 다니는 꼴을 보게 됩니다.

③ 부서장과 상황에 대해 미리미리 이야기해 두자

피해자 코스프레하는 동료와 같은 사무실에서 일하다 보면 갑자기 부서장이나 상사가 나를 부르는 상황이 생깁니다. 가 보면 자칭 피해자가 어떤 이유로 일을 못하게 됐으니 대신하라는 식으로 통보를 합니다. 부서장이 그 피해자 코스프레하는 동료에게 동정심을 보였거나, 조종할 수 있는 방법을 찾은 겁니다. 그다음부터 일 폭탄은 부서 곳곳에서 터집니다. 만약 내가 "이 일은 내 일이 아니니 못하겠습니다"라고 하면 부서장은 오히려 나에게 총부리를 겨누고 팀을 위할 줄 모르는 이기주의자라고 비난의 목소리를 듣게 됩니다.

이 험한 꼴을 안 보려면 부서장과 평소에 그 사람에 대해 최소한의 이야기는 해 놔야 합니다. 험담하는 것 같아서 내키지 않는 방법이지만, 자연스럽게 그 사람의 대한 행태를 흘리는 게 좋습니다. 그렇지 않으면 일은 일대로 해 주고 생색은 남이 내고, 못하겠다고 하면 욕은 욕대로 먹으면서 결국 일은 다시 해 줘야 하는 정말 짜증 나는 상황이 펼쳐집니다. 특히 일을 잘하는 능력자라면 더더욱 자주 발생할 겁니다.

부서장을 설득해야 하는 상황 그리고 타 직원을 험담해야 하는 상황이 부담스럽겠지만 이렇게 하지 않으면 부서 전체가 엉망이 됩니다. 이들의 피해자 놀이는 단순히 그 사람 한 명의 문제가 아니고 부서 전체의 생산성과 상호 신뢰를 깨뜨리는 '부서 전체의 문제'입니다.

④ 명확한 목표와 업무 리스트를 주고, 결과를 요구하자

피해자 코스프레하는 동료에게 내가 통제를 행사할 수 있는 관계라면 이들의 핑계는 딱 한 번만 듣고 그다음에는 명확한 업무 리스트와 마감 시간이 적혀 있는 업무 계획서를 들이밀어 입을 다물게 해야 합니다. 그리고 그 마감 시간을 지키라고 계속해서 푸시해야 합니다.

피해자 코스프레하는 동료가 아주 머리가 나쁜 경우는 많지 않아서 엄격하게 요구하면 꾸역꾸역 일을 다 해 옵니다. 철저하게 업무를 요구하고, 업무에 대해서만 커뮤니케이션하세요. 직원을 챙긴다고 개인적인 이야기를 묻는 순간 나도 휘둘리게 됩니다.

 피해자 코스프레의 특성과 대응책

- -

특성

· 책임을 피하고, 투덜대지만 노력도 하지 않는다.

· 타인의 동정을 이용한다.

· 자기가 피해자가 되는 상황을 만든다.

· 타인에 대한 공격과 무례를 정당화한다.

· 수동 공격과 이간질을 통해 조직 분위기를 망가뜨린다.

대응책

· 팩폭은 자제하자.

· 부드럽게 거절하자.

· 부서장과 평소 돌아가는 상황에 대해 이야기해 두는 게 좋다.

· 명확한 목표와 업무 리스트를 주고, 결과를 요구하자.

노답 워커홀릭

재무팀 김 과장의 별명은 '막차'였다. 매일 지하철 막차가 끊기기 전까지 야근한다고 해서 붙은 이름이었다. 원래도 야근을 많이 하는 사람이었는데, 과장으로 승진한 후에는 매일매일 막차 시간까지 자리에 남아 있었다. 포괄임금제 때문에 야근 수당이 별도로 없었기 때문에 야근 수당 등을 노려서 야근하는 척하는 것도 아니었고, 분기 마감 직후처럼 부서 전체에 여유가 생길 때에도 그는 여전히 야근을 선택했고, 부서 회식 때도 1차로 가볍게 식사한 후 사무실로 복귀했다. 부서 공용 캐비닛이 그의 옆자리에 있는데, 그 캐비닛 아래 칸에는 접을 수 있는 간이침대가 들어 있었다. 새로 입사한 재무 팀원들은 모두 캐비닛에서 간이침대를 볼 때마다 "팀장님이 설마 밤샘 근무를 시키는 건 아니죠?"라며 농담을 하며 간이침대는 쓰지 않는 물건 취급을 했다.

김 과장은 일주일에 한두 번은 사무실에서 밤새고 새벽녘에 간이침대에서 잠을 자고 있었다. 김 과장은 언젠가 부서 회식 자리에서 팀장에게 재무팀 시스템을 주말에도 사용할 수 있게 해 주면 안 되냐고 요청을 한 적도 있었다. 주말에는 회사 시스템이 기본적으로 멈춰 있고, 부서장의 요청이 있을 때만 제한적으로 사용할 수 있었다. 팀장이 보기에 주말 사용을 가능하게 해 주면 김 과장은 주말에도 와서 야근할 것으로 보였기 때문에 이를 허락하지 않았다.

김 과장은 마흔에 가까운 나이였지만 결혼하지 않고 혼자 살고 있었다. 취미 생활도 없었고, 업무 이외의 일에는 어떠한 관심도 보여 준적이 없었다. 후배 직원 한 명이 김 과장의 집으로 물건을 받으러 갔다가 집 안을 들여다보게 됐는데 거실에는 TV도 없고, 소파와 책상하나만 놓여 있고 너무 휑해서 '이사 가시나?'라고 생각했다는 이야기가 있을 정도로 건조한 삶을 살고 있었다. 부서 후배들끼리 김 과장이 주말에 과연 무엇을 할까를 두고 내기를 한 적이 있었는데, 정답은 컴퓨터가 아닌 서류로 되어 있는 일을 집에서 처리한다 였다.

재무 팀장은 전략적인 사고를 하는 사람이었고, 두뇌에 여유를 줘야 큰 그림을 그릴 수 있다고 믿는 사람이었다. 팀장은 팀원들이 일에만 파묻혀 살다가 정작 회사 전체에 무슨 일이 있는지 모르는 사람이 되기 보다는 회사의 장단기 경쟁력을 위해 재무적인 측면에서 혁신해야 할 것이 무엇인가를 고민하는 직원을 원했다. 그래서 직원들이 일과 분리돼 사고할 수 있는 삶의 태도를 원했다. 때문에 김 과장이 만들어 내고 있는 부서 내 분위기에 대해 걱정을 많이 했다.

김 과장은 열심히 일했고, 엄청나게 방대한 업무를 처리하고 있었다. 그 덕분에 팀장이 좀 더 큰 생각을 할 수 있는 시간을 벌 수 있었던 것은 분명했다. 하지만 김 과장은 밤늦게 업무 요청 메일과 카톡을 팀원들에게 보내기 일쑤였고, 주말에도 단톡방에 업무 관련 사항을 올려놓았다. 주말에 답을 하는 직원들은 없었지만, '읽음' 수가 줄어드는 속도를 보면 직원들 모두가 신경이 쓰이는 것은 분명했다. 그리고 사람은 착했지만 주변에 계속해서 자기의 업무 처리 속도에 맞출 것을 요구했기 때문에 슬슬 젊은 직원들과는 갈등이 생기는 모습도 나타났다.

무엇보다 김 과장은 눈앞에 있는 일을 처리하는 데 집중했지만 부서 전체의 진행 상황을 관리하거나, 재무팀 혹은 재무라는 기능 자체가 회사에 어떻게 부가가치를 창출할 수 있는가라는 큰 그림에 대해서는 아무 생각이 없었다. 당연히 부서원 개개인의 성장이나 역량 향상에도 별 관심이 없었다. 이런 김 과장을 보면서 팀장은 과연 저 친구가 부서와 자신의 발전을 위해 일을 하는 것인지 아니면 그냥 일 외에는 마음 붙일 곳이 없어서 저러는 것인지 고민스러워지기 시작했다.

회사는 성과를 내야 하는 곳입니다. 하지만 성과를 내기 위한 많은 자원이나 전폭적인 지원 같은 것은 찾기 어렵습니다. 대부분은 부족한 인력과 자금으로 허덕이며 도저히 달성할 수 없을 것 같은 실적을 위해 뛰어야 합니다. 때문에 부지런하고 성실하며, 근면한 사람이 환영받습니다.

특히나 과거 80~90년대 고도 성장기의 끝자락을 경험했던 사람들 대부분은 지금 임원이겠지만, 이들에게 일을 잘한다는 말은 일을 열심히 한다는 뜻이고, 바꿔서 말하면 일을 오래한다는 뜻이었습니다. 걸핏하면 야근에, 철야에 주말 근무였죠.

하지만 고도의 창의적 사고 능력이 시장의 판도를 바꾸는 현재에 오면서 긴 시간의 근무에 대한 시각도 많이 바뀌었습니다. 법적으로도 근무 시간이 계속 줄어들고 있고, 시장에서 변화를 가져올 수 있는 창의적 아이디어나 혁신적 실행 능력 등이 책상에 오래 붙어 있다고 해서 생기는 게 아니라는 걸 기업들도 이해하게 된 거죠.

창의적 사고를 하려면 두뇌가 일에서 벗어날 수 있는 시간을 주어야 하고, 일이 아닌 다른 자극과 정보를 받아들일 기회를 주어야 합니다. 그렇지만 지금도 여전히 근무 시간을 양으로 승부하려는 사람들이 있습니다. 양심 불량한 대표가 직원들에게 야근 수당이나 주말 수당은 안 주면서 부려 먹는 일이 많은 곳이나, 근무하지 않고 근무하는 척 수당만 타 가는 일부 사람들이 문제지, 정말 수당 등을 위해서가 아니라 일 자체를 위해, 그리고 순전히 자발적인 이유로 야근을 선택하는 사람들이 있습니다.

단, 일을 통해서만 만족감과 삶의 이유를 찾는 이들, '노답 워커홀릭'에 대해 살펴보려고 합니다. 이들을 생각해 보려면 우선 노답 워커홀릭에 대한 명확한 정의가 필요합니다. 복잡한 용어상의 정의보다도 우리가 잘 아는 사람들과의 대조를 통해 이해해 보겠습니다.

노답 워커홀릭과 일을 열심히 하는 사람들과의 차이는 뭘까요?

① 일을 하는 이유가 다르다

세상에는 일을 열심히 하는 사람들이 많습니다. 자영업을 하는 사람들 중에는 일주일에 80시간 넘게 일하는 사람들도 있고, 회사원 중에서도 60시간 정도는 아무렇지 않게 일하는 사람들이 있습니다. 하지만 이런 사람들이 모두 노답 워커홀릭은 아닙니다. 장시간의 노동을 하는 사람들과 이야기를 나눠 보면 보통 이런 말을 합니다.

"일이 재미있기도 하지만, 그것보다는 일을 하지 않으면 집에 돈을 못 가져가니까요. 저도 집에 일찍 가서 가족들과 시간을 보내고 싶고, 주말에는 운동하면서 지내고 싶어요."

열심히 일하는 사람들이지만 일 그 자체가 목적은 아닙니다. 일을 통해 이루고 싶은 것이 있고, 이를 위한 도구로서 일을 열심히 하는 것이죠.

하지만 노답 워커홀릭은 일 그 자체가 목적입니다. 일이 목적이라니 이해가 잘 안 될 수도 있는데, 도박하는 사람을 생각해 보겠습니다. 도박하는 사람들이 한 판 잘해서 큰돈을 벌게 되면 도박판을 떠나서 잘먹고 잘살았다는 이야기 들어본 적 있나요? 거의 없을 겁니다. 영화에서야 '이 판 먹고 나면 이 세계 뜬다'라고 말하지만, 대부분의 도박 중독자들은 도박이 주는 스릴, 긴장, 아드레날린의 분비를 위해 도박을 하는 겁니다. 이게 심해지면 도박을 하지 않으면 일상생활을 영위할 수 없을 정도의 불안과 분노, 우울감 등을 드러냅니다. 즉, 노답 워커홀릭은 일이 다른 목적을 위한 도구로서 하는 게 아니라 일을 하는 동안에 분비되는 아드레날린에 중독돼 있는 겁니다.[11]

② 일 이외의 관심사가 없다

처음부터 노답 워커홀릭이 되는 사람은 없습니다. 그저 평범하게 일을 열심히 하는 사람 중에 하나였을 겁니다. 그러다 차츰 일이 주는 흥분 때문이던지 아니면 개인적인 문제나 가족의 복잡한 문제를 잊어버리고 회피하기 위해 일에만 매달려서 일을 하는 동안만은 세상과 분리되는 즐거움을 맛보게 된 것입니다. 현실이 괴로운 사람에게 일이 도피처의 역할을 하는 거죠. 그 순간부터 이 사람은 일에 중독되는 것 같습니다. 평소 굉장히 즐기는 자신만의 취미가 있었거나, 자기만의 삶이 있거나, 가족과의 유대가 아주 강한 사람들은 일을 열심히 할 수는 있지만 그저 일만 재미있어 하는 노답 워커홀릭이 되지는 않습니다.

③ 일이 최우선의 가치다

일이 현실의 도피처 혹은 유일하게 몰두할 수 있는 거리가 되는 순간부터 노답 워커홀릭에게 일은 최우선 가치가 됩니다. 허먼 멜빌의 소설 《모비 딕》에 나오는 에이허브 선장은 자기의 다리를 잃게 만든 하얀 고래를 쫓아 삶의 모든 것을 팽개치고 그것에만 매달리죠. 고래를 잡아 돈을 버는 원래의 목적도 잊어버리고, 다른 배의 친구를 돕는 일도 팽개치며, 선원들의 목숨조차도 선장의 관심사가 아닙니다. 오직 하얀 고래를 잡겠다는 목적 하나만이 그의 유일한 삶의 목표가 됐습니다. 소설을 읽다 보면 어느 순간부터 에이허브 선장은 모비 딕을 죽이는 것이 목적이 아니라 그에게 죽고 싶어 한다는 느낌을 줍니다. 모비 딕에게 복수를 꿈꾼다고 말하지만 사실은 그 꿈에서 깨어나기 싫은 겁니다. 그 꿈을 이루는 순간 자기 삶의 목표는 없어져서 사는 게 사는 게 아닌 상태가 될 테니까요.

이렇게 일에 대해 자기 파괴적인 상태로 매달리는 모습이 노답 워커홀릭에게 보입니다. 성공을 꿈꾸고 가족과 행복하기 위해 열심히 살려는 것이라고 말은 하지만, 노답 워커홀릭은 일 그 자체 혹은 일에 매달려 있는 본인의 모습에 집중합니다. 나머지 모든 가치는 후순위입니다.

④ 불가능한 실적 목표에 흥분감을 느낀다

노답 워커홀릭을 옆에서 지켜보면 불가능한 목표가 제시되거나 도저히 이룰 수 없는 과제를 부여받았을 때 보통 사람들과 다른 반응을 보입니다. 정말 순수한 의미로 좋아하고 흥분하는 것이 느껴집니다. 마치 도저히 풀 수 없는 수학 문제의 답을 찾은 사람 혹은 절대로 나올 수 없는 패를 손에 쥔 도박사 같은 느낌을 줍니다.

보통 사람들이라면 일이 너무 많거나 목표치가 너무 높으면 투덜거리거나 좌절하게 됩니다. 하지만 노답 워커홀릭은 자기에게 삶의 이유가 드디어 주어진 것 같은 표정을 짓습니다. 그러고는 미친듯이 매달리죠. 장거리 달리기를 하다가 느껴진다는 러너스 하이(Runner's high)를 경험한 마라토너 같기도 합니다. 이들은 이런 목표가 주어지면 흥분한 상태가 되기 때문에 보통 혼자만 일에 몰입하는 것이 아니라 주변에게도 자기의 페이스를 따라오라고 요구하는 게 보통입니다. 극단적일 때는 자기가 상사가 아님에도 상사 이하 전 직원에게 '우리는 이걸 이루라고 돈을 받는 거다, 이걸 못 이루면 상사도 상사가 아니다'라는 말들을 내뱉고는 모두에게 더 일을 해야 한다는 말을 하기도 합니다.

정리하면, 일을 열심히 하는 사람과 노답 워커홀릭을 구분하는 가장 큰 요소는, 일 자체에 매달리며 일에서만 흥분을 느끼느냐, 아니면 마찬가지로 긴 시간을 열심히 일하지만 일은 그저 삶을 잘 살아가기 위한 도구일 뿐 일에 매몰되지 않고, 일의 양이나 진도에 대해 합리적인 판단을 하면서 일하느냐의 차이라는 점을 알 수 있습니다.

물론 위에서 설명한 수준의 노답 워커홀릭은 정말 심각한 수준입니다. 설명을 위해 좀 더 선명하게 그린 것입니다. 저렇게까지 심하지는 않지만, 그래도 유사한 수준의 사람들은 꽤 있습니다. 특히 연차가 많고, 사고가 조금 경직된 성향의 사람들이 노답 워커홀릭과 유사한 모습을 많이 보입니다.

그럼, 노답 워커홀릭의 일하는 특징과 조직에서 왜 이들이 문제가 되는지 살펴보겠습니다.

① 일을 할 때 경쟁적이고 전투적입니다

노답 워커홀릭은 일을 대해 태도가 치열하고 경쟁적이며, 전투적인 느낌까지 풍깁니다. 보통 일을 열심히 하는 사람도 경쟁적이고 치열할 수 있지만, 이들은 정말 몰아친다는 표현이 맞을 정도로 일에 집중하고, 성과를 내겠다는 투지를 불태웁니다.

문제는 이렇게 투지를 불태울 만한 사안이 아닌 데도 투지를 불태운다 것입니다. 사안의 경중에 따라 우선순위가 존재하고, 중요한 문제를 빠르게 잘하는 게 중요한데, 노답 워커홀릭들은 사안의 경중 따위는 없고 무조건 모두 다 중요합니다. 치열하게 일에 매진하기 때문에 생기는 문제이기도 하고, 완벽주의적 태도가 습관이 되어 나타나는 태도이기도 합니다. 사실 일의 맥락이나 전체의 큰 그림을 파악하는 능력이 부족하기 때문이기도 합니다. 모든 일에 100점을 만들겠다는 사람은 사실 작은 일엔 80점, 중요한 일엔 120점을 하는 사람보다 대체로 일을 못한다는 평가를 듣게 되는데, 노답 워커홀릭들에겐 이 경중의 차이가 안 보이는 거죠.

② 업무 이외의 만족감을 열등한 것으로 생각합니다

노답 워커홀릭들이 혼자서 일하는 프리랜서라면 개인의 특이한 성격에 기인한 문제에 불과합니다. 하지만 이들이 조직에서 자기 마음에 맞는 행태로 일하려다 보니 여러 문제가 생깁니다. 그중 하나가 일에 모든 것을 바치지 않는 사람을 이해하지 못하겠다는 태도를 보인다는 점입니다. 완벽주의적 태도가 있고, 일 자체에서 삶에 필요한 모든 즐거움을 찾는 사람들이기 때문에 자기들이 일에 몰입하는 것은 좋고, 빠른 페이스로 일하는 것도 좋지만, 주변에는 분명 그것과 다른 가치관을 가진 사람들이 있습니다.

그리고 회사 역시 모든 사안이 중요한 것이 아니라, 상황에 따라, 전략에 따라 신경 써야 하는 일과 아닌 일이 구분되고, 직원들이 모든 일을 잘하려고 하는 것보다는 크고 의미 있는 일을 생각해 내고, 이것을 제대로 실행해 내는 것을 더 원합니다.

하지만 노답 워커홀릭들은 이런 구분을 잘 못하기 때문에 직원들이 자기의 삶과 일의 균형을 찾고, 혹은 상사가 "이번 일은 금방 끝나는 일이니 너무 에너지 쏟지 말고 다음 프로젝트에 집중하자" 같은 말을 했을 때 이해하지 못하고, 자기 판단에 따라오라고 주변에 요구합니다.

그나마 여기까지는 이해할 수 있는데, 이런 태도를 보이면서 타인의 삶의 가치관이나 업무에 대한 가치관에 문제를 제기합

니다. 심한 사람들은 자기 빼고 모두 월급 도둑이라는 말을 하는
사람도 있습니다.

③ 완벽주의적 성향이 강해서 자기와 주변의 업무 품질에 대해 지속적으로 문제를 제기합니다

혼자만 미친듯이 일하면 그냥저냥 넘어갈 수 있는데, 노답 워
커홀릭이 조직에서 해결해야 할 과제가 되는 또 다른 이유가 있
습니다. 회사의 업무라는 것은 완전히 나눠져 있지 않고, 서로서
로 연결돼 있다 보니, 한 명이라도 일을 완전무결하게 처리하고
싶어 하기 시작하면 연결된 업무를 하는 사람 모두에게 동일한
업무 성과를 요구해야 합니다. 반드시 최고 품질의 결과를 만들
어야 하는 상황이라면 당연한 일이지만, 앞서 언급한 것처럼 일
에는 경중이 있고, 조직의 목표와 맥락이라는 것도 고려해서 완
결성이나 시급성도 나눠야 합니다.

하지만 노답 워커홀릭들은 사고의 유연성 혹은 사고의 깊이
가 부족해서 관련 직원들에게 계속적으로 품질에 대해 문제 제
기를 하고, 개선하길 요구하며, 빠른 페이스로 일하길 강요합니
다. 노답 워커홀릭처럼 빠르게 일하려면 동료들도 모두 워커홀
릭처럼 일해야 하는데, 제정신인 사람이 지속적으로 이렇게 일
할 수는 없습니다. 결국은 번아웃이 오거나 서로 간에 갈등과 반
목이 생깁니다. 그리고 노답 워커홀릭들이 대체로 인간관계에

서 부드러운 관계를 형성하는 역량이 부족해 일단 갈등이 생기면 크게 만듭니다. 상사 입장에서는 불필요한 갈등 관리에 시간과 에너지를 낭비하게 되는 거죠.

④ 자기의 불안과 긴장도를 주변에 퍼뜨립니다

노답 워커홀릭드이 완벽주의 성향을 가지고, 일의 경중이나 우선순위를 제대로 고려하지 못하는 근본적인 이유는 불안이 많기 때문입니다. 노답 워커홀릭들은 삶의 균형이 심하게 안 맞는 사람들입니다. 업무 이외의 삶에 문제가 있기 때문에 업무를 도피처로 택한 것이고, 그래서 업무의 결과는 철저하고 아주 단단해서 자기의 반밖에 남지 않은 삶을 안전하게 지켜 줘야 하는 상태가 되는 겁니다.

보통 사람이 업무와 업무 이외의 삶에 골고루 에너지를 쏟고 있다면, 이들은 극단적으로 업무에만 에너지를 투입합니다. 이들이 주변을 직접적으로 비하하거나 공격하지 않더라도 불안이 높고 긴장도도 높기 때문에 주변 사람이 편안하기가 어렵습니다. 합리적인 사고도 잘 안 됩니다. 사무실에서 우울한 감정을 느끼는 사람 한둘만 있어도 그날 부서 분위기가 무거워지는 것처럼 불안하고 불편하고 긴장한 사람 한 명 때문에 어두운 기운이 주변에 스멀스멀 퍼지고, 다른 직원들도 덩달아 과민해지고, 불편함을 느끼게 됩니다.

5 일을 잘한다는 기준을 왜곡시킵니다

　어떤 일을 아무리 열심히 한다고 해도 시장의 선택을 받지 못하면 가치를 갖기 힘든 게 자본주의 사회입니다. 그래서 열심히도 중요하지만 잘하는 게 더 중요합니다. 그런데 노답 워커홀릭은 뭐든지 열심히, 그것도 아주 늦게까지 합니다. 윗사람들 중에서 직원들의 이런 태도를 '헌신' 혹은 '주인 의식'이라고 생각하는 사람이 한두 명만 있으면 그 조직은 전체가 농업적 근면성을 갖춰야 살아남는 조직이 되어 버립니다.

　우리는 우리나라 경제의 성숙도가 이렇게 부지런하고 성실하게 오래 일하는 것만으로는 경쟁할 수 없는 수준까지 왔다는 걸 잘 알고 있습니다. 하지만 여전히 이렇게 생각하지 않는 상사들이 있고, 이런 상사 밑에서 야근과 주말 근무를 불사하는 노답 워커홀릭이 나타나면 이런 사람을 승진시킬 가능성이 높고, 그렇게 되면 조직 문화 전체가 다시 80년대로 돌아가게 됩니다.

　이런 상태면 업무의 우선순위를 따지고, 전략적, 혁신적 사고를 하는 직원은 발을 붙이기 어렵게 됩니다. 조직 전체의 일을 잘한다 혹은 성과를 만들어 낸다는 개념이 왜곡되는 거죠. 또 노답 워커홀릭들은 오랫동안 앉아 있지만, 사실 건강이 엉망인 경우가 많아서 근무 시간당의 생산성은 의외로 높지 않습니다. 이런 사람들이 많아지고, 조직의 지배적인 문화가 되면 조직 전체의 근무 시간은 늘어나지만, 생산성은 반대로 후퇴하게 됩니다.

동료 혹은 부하 직원으로 노답 워커홀릭이 나타나면 어떻게 대응하는 게 좋을까요?

1 주변의 정보를 최대한 끌어모아서 노답 워커홀릭인지 확인해야 합니다

앞에서 설명했듯 일에 헌신하고 열심히 하는 사람과 노답 워커홀릭을 구분하기는 쉽지 않습니다. 일단 노답 워커홀릭이 되려면 그 전에 헌신적으로 일을 열심히 하는 사람이기도 해야 하니 더더욱 구분이 안 됩니다. 그나마 타인들을 비교할 땐 구분이 되는데, 내가 일을 적게 하고 느리게 하는 것인지 아니면 노답 워커홀릭이라서 일을 많이 하는 건지는 더욱 알기 어렵습니다.

그래서 주변 사람들과 의견을 나눠서 어느 정도로 일을 하는 것이 자기 회사의 기준점인지 파악해 둘 필요가 있습니다. 사실은 그 사람이 노답 워커홀릭이 아니라 내가 빈둥거리는 것일 수도 얼마든지 있으니까요.

이때의 기준이 되는 첫 번째는 상사가 가지고 있는 일을 열심히 한다의 정의 그리고 부서 및 회사의 조직 문화입니다. 조직의 맥락에서 내 기준이 틀린 것인지 아니면 특정인이 문제적 업무 태도를 가지고 있는지 판단해 보는 것이 우선입니다. 그래야 대응 방안이 나옵니다.

② 나의 일에 대해 보이는 태도를 감정적으로 받아들이지 말아야 합니다

노답 워커홀릭들은 불안이 높은 경우가 많고, 완벽주의 성향을 갖고 있기 때문에 주변에게 공격적일 때가 많습니다. 나름 열심히 일했고, 다른 곳에서나 예전에는 문제가 안 되는 품질이었는데, 노답 워커홀릭 눈에는 전혀 만족스럽지 않을 수 있고, 그것 때문에 난리를 피울 수 있습니다. 이런 태도에 대해 '지가 뭐라고' 혹은 '뭐가 문제인 거야' 같은 식으로 맞받아치거나 갈등을 일으켜 봐야 서로 남는 게 별로 없습니다.

노답 워커홀릭들은 순수한 의미에서 일에 몰입하는 사람들이기도 합니다. 때문에 이들이 갖는 공격성도 일의 결과와 연계된 것뿐 특정 인물에 대한 공격이 아닙니다. '그 일에 부족한 부분을 함께 채워 나가자' 정도의 태도만 가지고 대하는 게 좋습니다. 자칫 감정적으로 맞대응하면 나의 성과에 대한 기준이 너무 낮다고 동네방네 자랑하는 것과 비슷한 역효과가 생깁니다.

③ 노답 워커홀릭의 페이스에 맞출 수 없으니 일의 우선순위화에 집중해야 합니다

노답 워커홀릭들에게 맞춰 주며 품질을 높이기 위한 해결책을 고민하는 것은 좋은데, 그러면 내가 생각하는 업무 처리의 우선순위와 품질, 상사가 요구하는 순서와 품질 그리고 노답 워커홀릭 동료가 요구하는 것이 마구 뒤섞여 이상해지기 쉽습니다. 그냥 한쪽 귀로 듣고 한쪽 귀로 흘려버리고 싶다는 생각도 하겠지만, 노답 워커홀릭들이 하는 요구가 완전히 틀린 요구가 아니기 때문에 상사도 냉정한 심판관 역할보다는 노답 워커홀릭 손을 들어줄 가능성이 큽니다.

때문에 주변에 일에 미친 사람이 있으면 그 사람과 상사 그리고 나 개인이 가진 업무의 우선순위들을 재조정하는 작업을 해 주는 것이 좋습니다. 내가 왜 이상한 인간 때문에 일을 복잡하게 해야 하나라고 생각할 수도 있는데, 아주 냉정한 상사가 아니고는 노답 워커홀릭에 대해 긍정적으로 생각하는 상사가 많아서 나에게 기본적으로 불리한 게임이 될 가능성이 많습니다. 시끄러운 녀석 떡 하나 입에 물려서 보낸다고 생각하는 게 좋습니다.

④ 상사와 이야기해서 일의 속도에 대한 부서의 합의를 이끌어 내야 합니다

노답 워커홀릭이 조직 문화에 큰 도움이 안 되는 성향이라는 이야기는 앞에서 언급했습니다. 특정인이 정말 일에만 매달리는데 생산성이나 일의 최종 품질 면에서 오히려 문제가 생기는 낌새가 나타나면 상사와 조심스럽게 이야기를 나눠야 합니다. 그 노답 워커홀릭에 대해 어떻게 판단하고 있는지 말이죠.

이 과정을 통해 일을 성실하고 열심히 하는 것은 좋지만, 참신하고 창의적인 아이디어가 나오려면 적당한 균형이 맞아야 한다는 것을 합의할 수 있으면 베스트입니다. 노답 워커홀릭을 진정시킬 도구가 하나 생긴 셈이니까요. 만약 상사가 정말 농업적 근면성의 신봉자라는 게 밝혀지면 어떻게 할까요? 이 상황이 되면 나의 선택으로 넘어오게 됩니다. 모두 함께 다 같이 미친듯이 일을 해 볼지 아니면 뭔가 다른 선택들을 찾아보기 시작할지 말이죠.

노답 워커홀릭의 특성과 대응책

특성

·일을 하는 이유가 보통 사람과 다르다.

·일 이외의 관심사가 없다.

·일이 최우선의 가치라고 생각한다.

·불가능한 실적 목표에 흥분을 느낀다.

대응책

·주변의 정보를 최대한 끌어모아서 동료가 노답 워커홀릭인지 확인해야
한다.

·노답 워커홀릭이 나의 일에 대해 보이는 태도를 감정적으로
받아들이지 말자.

·노답 워커홀릭의 페이스에 맞출 수 없으니 일의 우선순위화에
집중하자.

·상사와 이야기해서 일의 속도에 대한 부서의 합의를 이끌어 내야 한다.

빅 마우스

지방 공장에서 근무하던 싱글 김 과장은 갑작스럽게 본사로 발령을 받았다. 그리고 본사 출근 이후 냉전 시대 스파이가 된 것 같은 느낌을 받고 있다. 부서 내에 있는 송 대리는 김 과장보다 나이가 다섯 살 많은 만년 대리였고, 싱글이었다. 본사는 조직 구조가 이상해서 송 대리부터 김 과장까지 나이대의 직원들이 거의 없었고, 둘 다 퇴근 후

딱히 할 일도 갈 곳도 없었기 때문에 김 과장은 별로 내키지 않았지만 송 대리와 퇴근 후 맥주 한잔하면서 상사들의 뒷담화를 나누는 사이가 됐다.

처음에는 느끼지 못했지만 어느 순간부터 김 과장은 송 대리가 하루종일 남의 뒷조사를 하고 다니는 게 아닐까 싶은 생각이 들기 시작했다. 송 대리는 본사에 있는 백 명이 넘는 인력들의 거의 모든 뒷이야기를 알고 있는 듯했다. 저녁을 함께 먹으면 송 대리의 행동 패턴은 거의 정해져 있었다. 음식을 주문한 후 잠시 주변을 두리번거리다가 앞으로 몸을 내밀면서, "과장님, 혹시 이거 알아요?"라는 말과 함께 본사의 누군가에 대해 이야기를 시작했다.

"최부장 있잖아요, 마케팅 팀장. 그 양반이 기러기 생활 4년 하다가 와이프가 현지에서 바람나서 아이가 몇 달 전에 귀국했는데, 영어도 안 되는데 한국 공부를 못 따라가서 미국 대학교 갈려고 SAT 배우고 있는데, 한 달에 강의료만 이백만 원을 내고 있대요. 근데 그 팀장 부모도 부양해야 하고, 동생도 능력이 없어서 혼자 월급으로 먹여 살리고 있나 봐요. 스트레스 엄청 받는지 최근에 우울증 약을 먹고 있더라구"

"본사 IT팀에 이 과장이라는 친구가 있는데, 원래 100kg이 넘었는데, 최근에 열심히 PT를 받고 있대요. 이 PT가 엄청 비싼 모양인데, PT 강사가 워낙 예뻐서 이 아가씨 보겠다고 맨날 운동한다고 6시만 되면 사라지나 봐요. 근데 그 팀 팀장이 일 중독자인 데다 밑에 애들 노는 꼴을 못보는 사람이라 어제도 이 과장이 팀 회의 중에 대판 깨졌나 봐요."

처음에는 그저 많은 정보를, 그것도 거의 실시간으로 어떻게 다 알고 있나 하는 놀라움이었다. 하지만 술자리 횟수가 늘어나면서 그가 단순히 많이 알고 있는 게 아니라 입방아에 오르는 사람들에게 적개심이 있다는 생각이 드는 말들을 하기 시작했다.

"우리 팀 김 차장 있잖아요. 그 새끼가 내 직속 상사일 때 나 진급 물먹어서 내가 만년 대리가 된 건데, 그 새끼가 사무실에서는 완전히 양반처럼 꼬장꼬장하고 지만 바른 사람인 척하잖아요? 근데 최근엔 회사 근처 룸살롱에 거의 매일 출근하고 있다네? 얼마 전에도 골프 치러 가서 캐디 아가씨에게 추근거리다가 쫓겨날 뻔 했다고 하더라고요. 지 혼자만 공자님처럼 구는데, 그런 놈이 뒤로는 더 해!"

김 과장은 과거 지방 공장에서 김 차장과 함께 2년간 근무한 적이 있었다. 그 기간 동안 공급 업체 등에서 접대를 위해 수많은 술자리를 만들었지만 한 번도 가지 않은 사람이었다. 송 대리가 진짜로 있는 일을 이야기하는 건지 아니면 말을 만드는 건지 의심이 더해져 갔다. 그리고 얼마 뒤 술자리에서 송 대리는 인사 팀장을 씹기 시작했다.

"박 팀장 그 인간도 웃기는 인간이야. 내가 인사팀에 있을 때 그 인간 귀찮은 심부름 다 해줬었거든요. 내가 그놈 팀장 되기 전에 술자리에서 법카 쓰다가 문제되니까 내가 썼다고 대신 징계 먹어 줬거든요? 근데 내 진급 연한 조정해 주는 건 아예 모른 체하더라고요. 그러면서 지 밑에 있던 다른 대리 과장놈들 전부 조기 진급시킨다고 무리하는 바람에 대표한테 욕 왕창 먹었잖아요.”

박 팀장도 평소 바늘로 찔러도 피 한 방울 안 나온다는 자기 통제의 화신 같은 사람이었다. 그런 사람이 술자리에서 법카를 과하게 쓰다가 문제가 됐다는 사실을 믿을 수가 없었다. 그다음 날 김 과장은 친분이 있던 인사팀 사람에게 조심스럽게 물어봤고, 송 대리의 이야기는 전혀 근거 없는 이야기였음을 알게 된다. 김 과장은 그날 오후 송 대리에게 조심스럽고 부드럽게 이야기를 너무 부풀려서 하지 말라고 말했고, 송 대리는 대답을 하지 않았지만 매우 기분 나쁜 표정을 노골적으로 드러냈다. 그리고 얼마 후부터 송 대리는 옆 부서에 새로온 대리 하나와 매일 퇴근 무렵 맥주집을 가기 시작했다.

부서 회식 자리 후 2차 혹은 근무 중 몇몇 정도만 참여하는 커피 타임에 가 보면 누군가가 좌우를 살피면서 "그런데, 혹시 그 이야기 들었어요?"라고 말문을 여는 사람이 있습니다. 이야기를 듣다 보면 내용 자체는 대부분 '카더라' 혹은 '누가 봤는데'로 시작하기 때문에 신빙성이 없어 보입니다. 중요한 건 이런 이야기를 비밀스럽게 꺼내는 사람입니다.

그 사람들은 대체로 사무실에서 업무하던 때 보이던 모습보다 훨씬 활력이 있고, 자기 업무보다 남의 뒷이야기를 훨씬 많이 알고 있는 듯한 모습을 보여 줍니다.

매번 누군가를 씹고, 정말 옆에 없었으면 알 수 없을 것 같은 뒷담화를 자연스럽게 합니다. 이것을 즐기고 있는 것이 분명해 보이는 사람들, 바로 빅 마우스들입니다.

우리는 왜 뒷담화를 하는가?

진화 인류학에 따르면 우리는 아마도 인류가 말을 쓰기 시작한 바로 그때부터 뒷담화를 했을 것이라고 합니다. 몇만 년이 더된 오래된 습관인 셈입니다. 그리고 우리는 그들의 후손이기 때문에 지금도 열심히 뒷담화를 하는 거죠. 그런데 이렇게 오래된 습관과 관습이 현대까지 살아남아 있으려면 무언가 그 행위에 따른 명백한 '이익'이 있어야 합니다. 이익이 없다면 시간이 지나면서 없어져 버렸을 테니까요.

최근 연구[12]에 따르면 뒷담화가 '정보의 공유'와 '소속감과 일체감' 그리고 '높은 유용성'을 주는 행위라고 합니다. 만약 무리 내에 극도의 이기적인 행동이나 남을 속이는 행동을 하는 사람이 있다면 무리 내에서 이 정보가 공유돼야 무리 전체의 존속 가능성이 커질 테니 뒷담화가 시작되는 것입니다. 이렇게 남을 씹다 보면 그 비밀스러운 이야기를 공유한 사람들은 '자기 집단'이라는 의식을 가지게 됩니다. 마치 또래 집단끼리 특별한 은어를 쓰거나 군대에서 암호를 써서 '우리'와 '우리가 아닌 사람'을 구분하는 것처럼 뒷담화는 집단의 결속을 높이는 효과를 냈던 것입니다.

긍정적인 정보라 해 봐야 기껏해야 음식을 좀 더 먹거나 좀 더 편한 잠자리를 확보하는 데 도움이 되지만, 부정적 정보(가령 '어느 놈이 밤마다 동굴들을 돌아다니며 음식을 빼앗는다' 같은 것들)는 생존과 직결되는 것이 많기 때문에 우리가 더 큰 관심을 기울이게 됩니다. 우리 뇌는 생존과 직결되는 정보를 무조건 우선 처리하도록 만들어져 있습니다. 일단 살아야 하니까요. 때문에 우리는 '뒷칭찬'이 아닌 '뒷담화'를 더 많이 한다는 겁니다.

그렇지만 이 설명은 뒷담화의 악의적 속성(없던 일도 만들어 내고 물고 뜯고 맛보고 즐기며 스트레스를 푸는 행위)에 대한 설명으론 부족합니다. 그리고 진위에 상관없이 당하는 사람이 받는 고통에 대해서도 설명이 없습니다. 그래서 최근에 나오는 이야기로 설명을 해 볼까 합니다.

사람들은 어떤 상황에서 뒷담화를 하는 걸까요?

뒷담화의 진화적 배경을 생각해 보면, 뒷담화를 하기 위해서는 같은 집단 내에서 '적과 아군'을 구분할 필요가 있을 때 생긴다는 걸 알 수 있습니다. 집단 외부에 대한 험담은 뒷담화가 아니라 앞담화가 되겠죠. 아예 다른 집단을 욕하는데 굳이 자기 집단 내에서 숨기면서 할 이유는 없으니까요.

회사를 생각해 보면 모두 하나의 비전과 목표를 위해 일하는 것 같지만, 실상 부서마다, 개인마다 목표가 다릅니다. 때로는 경영진의 자기 부서에 대한 관심, 승진 기회, 사업 예산의 확보

등 여러 경영 자원을 놓고 부서 간에, 팀 간에 각축전이 벌어지기도 합니다. 이편, 저편 구분될 필요가 생기고, 특히나 이런 자원의 분배나 기회의 확보가 투명하게 이뤄지지 않는다면 뒷담화가 꽃피울 기본적 환경이 만들어지는 겁니다.

뒷담화가 활발한 기업 환경은
다음의 속성을 지닙니다.

❶ 의사 결정권자가 권위적이거나
조직 문화가 불안정하다

보스가 권위주의적이거나 조직에 흔들림이 많아서 무엇이 적절한 행동인지 확인하기 쉽지 않으면 결국 소수의 사람들에 의해 기회와 경영 자원의 분배가 이뤄집니다. 쉽게 동의할 수 없는 사람이 유능한 사람을 제치고 승진한다든지, 잘나가던 부서가 예산에서 물먹고 부서장이 낙하산인 부서에 예산이 몰린다든지 아부의 달인이 목에 힘을 주고 다니는 일은 권위주의적이고 조직 문화가 안정적이지 못한 조직에서는 아주 흔하게 일어나는 현상입니다.

이 상황이면 성과와 실력이라는 투명한 잣대가 아닌, 눈에 보이지 않는 알 수 없는 것에 의해 자기의 기회와 미래가 흔들리는 셈이니 조직원들은 정상적인 경쟁을 잊어버리고 이전투구(泥田

鬪狗)를 하게 되죠. 남을 뒤에서 찌르고, 돌부리에 걸어 넘어뜨리는 강력한 유인이 생기는 겁니다. 이 상황에서 뒷담화가 안 나오면 이상한 거죠.

② 한두 명의 의사 결정이 큰 영향력을 갖는 조직이다

보스가 꼭 권위주의적이거나 조직 문화가 불안정하지 않더라도 권력이 소수에게 몰리면 권력자가 제대로 보지 못하거나 알수 없는 일들이 많이 생기게 되고, 낮은 정보 투명성 때문에 '부정적 정보'에 대해 더 귀를 기울이게 됩니다. 가령 백 수십 명의 조직 수장이 말단 대리 두 명 중 한 명만 과장으로 승진시키는 경우 어느 한 명에게 부정적인 소문이 따라다닌다는 걸 알게 되면 뒷말이 안 나올 사람을 승진시키는 것 같은 겁니다.

업무 환경에서 사람이 사람에 대해 충분히 파악하고 이해하면서 적절한 의사 결정을 내릴 수 있는 숫자는 대략 20명을 넘지 않는다고 합니다. 이 범위를 넘어가는 인사적 결정은 결국 해당 인물을 충분히 지켜보고 있는 중간 관리자에게 권한이 있어야 하는데, 권한 위임이 제대로 이뤄지지 않은 조직에선 무조건 최상위 관리자가 결정하기 때문에 조직 내에서 뒷담화가 활발해질 조건을 만들어 주는 셈입니다.

③ 집단 간 경쟁이 심하거나 업무적 압력이 큰 조직이다

윗사람들 중에서는 일부러 부서 간의 경쟁을 부추기는 사람들이 있습니다. 협력적인 문화보다 경쟁과 충돌의 문화에서 조직 성과가 더 낫다고 믿기 때문입니다. 이때도 뒷담화는 피하기 어려운 유혹입니다. 경쟁은 그 속성상 언제나 과열되기 마련인데, 조직 보스가 함께 성장하기 보다는 둘 중에 누가 더 낫다는 평가만을 반복하면 뒤처지는 조직에선 무조건 이겨야 한다는 압박에 시달리고, 결국 어느 순간 선을 넘어가면서 경쟁자의 뒷통수를 때릴 말들을 퍼뜨리는 거죠.

실제로 한 회사에서는 부서 간 경쟁이 너무 치열해져서 고과 평정 땐 내부 감사팀에 투서가 일주일 사이에 100개씩 들어온다는 말이 있었습니다. 다른 부서에 대한 험담만 들어오면 그나마 이해가 되는데 같은 부서원들끼리도 서로 찌르는 경우도 많았다고 합니다. 조직 문화가 과도한 경쟁을 부추기는 문화이다 보니 매일 얼굴을 보며 바로 옆에서 근무하는 같은 부서 동료들끼리도 서로가 서로를 정당하지 않은 방법으로 무너뜨리려 하는 거죠. 그래도 최소한의 근거는 있어야 하는 투서가 이 지경인데 뒷담화는 훨씬 심하지 않겠어요?

④ 변화가 없는 조직 내부에 또 '그들만의 리그'가 생긴다

앞에서 뒷담화는 집단에의 소속감을 부추기는 기능이 있다고 언급했습니다. 외부에 강력한 적이 존재할 때는 집단 전체가 똘똘 뭉쳐서 에너지를 외부의 적에게 투사합니다. 하지만 외부에 적이 없을 때, 즉 조직에 특별한 위기도, 변화도 없을 땐 넘치는 에너지를 조직 내에서 다시금 집단을 만들어 풀어내려 하죠.

익숙한 사람들끼리는 속 깊고 은밀한 이야기를 나눌 확률이 올라갑니다. 거기에 변화도 없어서 아주 오랫동안 집단 의식을 키워 왔다면 더더욱 올라갑니다. 그런 상황에 새로운 인물이 나타났거나 변화를 이야기하는 조직원이 있다면 그곳에 안주하고 있는 집단에게는 커다란 위협이 나타난 셈입니다. 배척하고 쫓아내야 하겠죠. 뒷담화 하고, 왕따시키는 겁니다. 잘 지내고 있으니 현재 상황을 혹시 변화시킬지 모르는 어떠한 요인도 제거하고 싶다는 집단 무의식의 발현인 거죠.

이상의 조건에 해당하는 조직은 뒷담화가 활발합니다. 하지만 동일한 조직에 근무하는 사람이라 해도 여전히 개인차는 존재합니다. 저런 조직에 있어도 어떤 사람은 일단 남을 씹을 만한 에너지도 없고, 씹을 만한 정보도 알지 못하기 때문에 뒷담화가 가능하지 않은 반면 어떤 사람들은 열정이 넘치고, 충분한 정보를 가지고 있죠.

이제, 빅 마우스들의 개인적인 특성에 대해 자세히 살펴보겠습니다.

1 불안이 높은데 이를 외부적 공격성으로 표출하는 사람

뒷담화의 심리적 기반은 '불안'입니다. 나의 위치가 흔들리지 않을까, 내가 무시 당하지 않을까, 내가 승진을 못하지 않을까 같은 근심과 걱정들은 공격성으로 나타나게 됩니다. 이 공격성으로 자신을 공격하는 사람은 우울이나 좌절 등을 경험하게 되지만, 뒷담화를 열성적으로 하지는 않죠. 반면 외부로 이 불안에 기반한 공격성을 드러내게 되면 뒷담화가 됩니다. 불안이 높은 사람들은 기본적으로 문제의 상황에서 문제를 제공한 사람과 당당히 맞서기 어려워합니다. 공개적인 자리에서 자신의 경쟁자에게 맞서기에는 불안하고, 불편하고, 힘들기 때문에 자신과 친한 몇 명과 있는 자리에서 이야기를 만들기 시작하는 거죠.

다만 이들의 불안은 뒷담화의 타깃이 되는 사람이 실제로 원인을 제공했을 수도 있고('부서 내에 경력직이 새로 왔는데 기존 동급자보다 월등히 일을 잘한다'), 그 존재 자체가 이들의 무의식을 자극해서('부서에 경력직이 새로 왔는데 똑똑해 보여서 신경 쓰인다') 일 수도 있습니다.

어느 쪽이든 평소 불안이 높고 외부 공격 성향이 높은 사람은 뒷담화에 적극적일 개연성이 큽니다. 대체로 연차가 좀 되어 여러 부서에 동료가 있는데, 진급이나 조직 내 인정은 별로 안 좋은 사람들일 가능성이 큽니다. 자기의 미래에 대한 불안과 조직에 대한 불만을 특정 개인에 대한 뒷담화로 푸는 거죠.

② 애정과 인정을 갈구하는 사람

집단의 애정과 인정, 관심을 갈구하는 부류입니다. 계속 언급하듯 뒷담화는 그걸 공유하는 사람들끼리의 소속감과 연대감을 제공합니다. 이 집단에 계속 포함돼 있고 싶고, 조직원으로서 인정받고 싶은 사람이 내놓을 수 있는 훌륭한 디저트가 그 집단 밖에 있는 사람에 대한 정보죠. 부서에 새로 온 사람이나, 최근 관심을 받고 있는 사람에 대한 험담은 빅 마우스들이 많이 만들어 내는 것 같습니다.

③ 지배와 통제 욕망이 강한 사람

욕망이 강한 사람은 정보와 권력 그리고 영향력을 추구합니다. 당연한 거죠. 남이 알지 못하는 정보를 알고 있어야 그 정보가 힘이 되고, 영향력이 되어 타인이 나의 지배력 안에 들어오게 되니까요. 빅 마우스들의 이런 행동과 태도 역시 공격성의 일환입니다.

다만 앞에서 언급한 '불안에 기반한 공격성'이 위협에 대한 방어적 태도라면 지배욕이 강한 빅 마우스들이 보이는 공격성은 자기의 욕망을 실현하기 위한 적극적인 공격성입니다. 뒷담화 중독적 성향을 보이는 여러 부류의 사람들 중에서 아마 가장 악의적이고, 상황을 자기 입맛대로 통제하려는 형태의 뒷담화를 하는 빅 마우스들이 바로 지배욕 강한 사람이 아닐까 싶습니다.

🌓 조직에서 혼자 동떨어져 지내는 사람

가끔 보면 사람들과 잘 어울리지도 못하고, 그렇다고 혼자서 즐겁고 행복하게 보내는 게 아닌 뭔가 좀 어둡고 우울한 느낌을 주는 사람들이 있습니다. 이런 사람들도 뒷담화에 열정을 불태우는 경우가 있습니다. 아주 악의적인 목표가 있어서라기 보다는 대부분 정보 획득을 목적으로 하는 겁니다. 내가 아주 친하지 않은 사람에게서 어떤 정보를 얻어 내려면 그 사람에게 내가 가진 정보를 나눠 줘야 하는데 그 사람의 관심을 끌어내는 데는 칭찬이나 공식적인 정보보다는 뒷담화가 효과적인 거죠. 인간은 부정적인 정보를 훨씬 높은 가치의 정보로 인식하거든요.

내가 뒷담화의 타깃이라면 어떻게 해야 할까?

뒷담화를 활발히 하는 사람들의 부류를 알았으니 그냥 조심하면 되지 않을까 싶지만, 뒷담화의 표적이 되는 건 내 의지나

노력과 크게 상관이 없습니다.

새로 왔으면 새로 왔다고, 일을 잘하면 잘한다고, 못하면 못한다고, 조용히 있으면 조용히 있다고, 반대로 적극적으로 나서면 나선다고 씹히는 게 사회라는 곳이죠.

그렇다면 어떻게 대응을 해야 하나요?

1 부정적 행동, 태도, 말투 등에서 타깃이 됐다면 공개적으로 인정해 버린다

나는 멀쩡하고, 아주 좋은 말투로 말하고 행동하는 데도 타인에게는 다르게 해석될 수 있습니다. 굳이 그 사람이 악의가 없다고 해도 그 방식의 행동이나 말투가 익숙지 않으면 벌어질 수 있는 일이죠. 가령 사투리에 익숙지 않은 사람은 사투리라는 그 이유 하나로 분노 반응을 일으키는 경우도 있으니까요. 이런 일 때문에 뒷담화의 주인공이 됐다면 공개적인 자리에서 이것을 부분적으로 인정해 버려서 더 이상 뒷담화가 아닌 앞담화를 만들면 곧 사라집니다.

뒷담화는 내부자들 간의 비밀스러움이 있어야 유지되고 확산되며 퍼집니다. 당사자가 그냥 인정해 버리면 뒷담화의 확산을 위한 아주 큰 동력원이 사라지게 돼 곧 조용해집니다. '말투가 건방지다' 혹은 '태도가 무례하다' 같은 식의 말이 돌면, 적당히 공개적인 자리에서 나와 친분이 있는 사람에게 "제 말투나 태도가 불편하다는 분들도 종종 뵈었습니다. 부모님은 잘 가르쳐 주셨는데 제가 대학 생활 동안 너무 제 잘난 맛에 살아서인지 잘못 배웠더라고요. 고치도록 노력하고 있으니 답답하더라도 조금만 너그럽게 봐 주세요" 같은 맥락으로 말하는 거죠. 다만 이 방법은 인정해도 크게 손해가 없는 사안이어야 하고, 평소 어느 정도의 뻔뻔함을 탑재한 사람이 아니라면 사용하기 어려운 방법입니다.

② 자기의 분노에 이름표를 붙여서 옆으로 미뤄 둔다

아무런 근거도 이유도 없는 험악한 뒷담화를 들으면 피가 솟구칩니다. 그런 뒷담화를 만들고 퍼뜨리며 낄낄거렸을 인간들의 얼굴도 머리에 주르륵 펼쳐지죠. 끓어오르는 분노를 조절하기 어렵습니다. 하지만 조절해야 합니다. 먹고살기 위해 월급을 받아야 하니, 나의 정신 건강을 위해서라도 그것이 장기적으로 낫습니다.

조절하는 방법은 비교적 간단합니다. 뒷담화가 돌고 있다는 사실을 들었을 때 즉각적으로 반응하거나, 그 이야기만을 곱씹기 보다는 그 이야기를 들은 내 마음속에서 일어나는 감정의 변화를 지켜보려고 노력하는 겁니다. '음, 내가 진짜 분노하는군. 그런데 이 감정은 허황된 내용에 대해 분노하는 걸까 아니면 그

걸 퍼뜨린 사람들에 대한 분노일까', '그 사람들에 대해 내가 평소 어떻게 생각하고 있었길래 누가 만든 건지에 대한 증거도 없이 그 사람들을 떠올릴까?' 같은 식으로 스스로 마음속에 추론을 해 보고, 마음 자체에 집중하려고 하는 거죠.

이 마음 하나하나에 '사람에 대한 분노', '분노라기 보다 그 인간들에 대한 포기' 같은 식으로 이름표를 다는 것도 좋은 방법입니다. 처음엔 잘 안 될 테니 산책을 하든지, 조용한 음악을 듣든지, 레고 조립처럼 간단하고 반복적인 일을 하는 게 도움이 됩니다. 초기 분노의 감정이 조금 내려와야 자기 감정을 읽는 일이 가능해지거든요.

③ 자기와 상황을 분리해서 생각하도록 한다

근거 없는 뒷담화는 화나는 일이고, 그걸 퍼뜨리는 사람들은 나쁜 인간들이 맞습니다. 중요한 건 그 사람들이 퍼뜨리는 건 '진짜 나'와 상관없는 일이라는 것을 인지해야 합니다. 그런 말을 만들고 퍼뜨리는 건 그들이 문제가 있기 때문입니다. 그들이 불안하고, 권력욕에 불타고, 자립심이 없기 때문에 생긴 일이지 내 잘못이 아닙니다. 그리고 그들이 이야기하는 그 대상도 '진짜 내 모습'이 아닙니다. 기분이 더럽겠지만 그 인간들을 불쌍히 여기는 게 도움이 됩니다. 길을 가다가 갑자기 도사견이 나타나 나를 물었다고 도사견에게 따져 봐야 사람 말을 알아듣겠어요? 개가 개인 이유는 개이기 때문이죠. 개싸움에 말려들 이유는 없습니다. 솔직히 개싸움에 아주 능숙한 사람에게는 뒷담화가 별로 따라오지 않습니다. 뒷담화 하는 인간들도 강한 인간은 무섭거든요. 주로 순한 사람 혹은 새로운 사람이 입길에 오르는 이유입니다. 권력욕이 강한 사람이 만드는 뒷담화는 타깃이 강한지 아닌지 상관하지 않습니다만.

④ 뒷담화 중독자들과 맞서거나, 상사, 인사팀 등에 이야기하는 것은 신중하게 한다

일단 흥분한 상태에서 맞서는 건 대단히 불리합니다. 솔직히 성질대로 맞서 싸웠다는 약간의 뿌듯함을 제외하곤 얻는 게 거의 없을 겁니다. 나는 개인, 저쪽은 이미 여러 명일 가능성이 크고, 내가 강하게 나가면 그들끼리 뭉칠 원인을 제공하게 되거든요.

전략적으로 한 명씩 한 명씩 포섭 내지 회유하는 식의 각개격파(各個擊破) 전략을 쓰라고 하고 싶지만, 사생결단 낼 일도 아닌데 이런 식으로 에너지를 쓰는 것도 피곤한 일입니다. 그렇다고 무대응이면 뒷말이 계속 돌아다닐 테니 적절한 타이밍에 끊어 주기 위해 결국 각개격파하면서 주동자만 왕따시키도록 해야 하는데, 시간을 많이 투입해야 합니다. 최소한 뒷담화가 있다는 걸 아는 순간 욱해서 부딪히는 일은 항상 피하라고 강조하고 싶습니다.

상사나 인사팀과 이야기하는 건 증거가 모였을 때 해야 합니다. 섣부르게 도움 내지 고발해 봐야 일만 커지고 아주 힘겨워집니다. 상사에게 도움을 요청해도 대부분의 상사는 "알았으니 니들 좀 그만 싸우고 잘 지내 봐라" 같은 말이나 "나도 그 이야기 들었는데 너 평소 태도에 문제가 진짜 있는 거 아냐?" 같은 소리를 듣게 될 개연성이 큽니다. 물론 상호 신뢰가 아주 큰 상사 혹은 객관적으로 상황을 파악하고 이에 맞춰 적절하게 조직을 관리하는 상사가 있다면 이야기해도 됩니다. 다만 이런 상사가 있는 조직에서는 뒷담화가 별로 돌아다니지 않습니다. 그러니 악의적인 뒷담화가 돌았다는 뜻은 관리자인 상사가 이를 통제할 의지가 없거나 능력이 없다는 뜻입니다. 최대한 증거를 모아서 한방 크게 터뜨릴 게 아니라면 조심해야 합니다.

인사팀은 상사보다 더 큰 문제입니다. 문제를 공식화시키겠다는 뜻이니까요. 정말 악의적이라면 증거를 모으고, 충분히 준비한 후 이야기해야 합니다. 그러라고 상사가 있고 인사팀이 있고 규정이 있는 거니까요.

⑤ 개싸움을 할 것이라면 확실하게 한다

도저히 못참겠는데 증거 같은 건 아무리 찾아도 없거나 뒷담화를 만들어 낸 사람을 특정할 수 없다면 개싸움을 해야죠. 피한다고 해도 한계가 있는 것이니까요.

무조건 싸움을 피하라고는 이야기하지 않겠습니다. 다만 그럴 경우 우군을 만드는 게 우선입니다. 잠재적 적군이 누군지는 증거가 없다 뿐이지 대략은 짐작할 수 있으니 그 적군의 외곽에서 부터 하나씩 하나씩 우군을 만들어 합니다. 일단 시작하면 그 사람에게 공개 사죄를 받아내든지, 회사를 나가게 만들 각오로 해야 합니다. 어설프게 끝낼 것이라면 앞에서 이야기한 것처럼 시작을 안 하는게 낫습니다. 성과를 내려고 회사 다니는 것이지 싸우자고 회사 다니는 게 아니니까요.

 빅 마우스의 특성과 대응책

특성
· 불안이 높은데 이를 외부적 공격성으로 표출하는 사람
· 애정과 인정을 갈구하는 사람
· 지배와 통제 욕망이 강한 사람
· 조직에서 혼자 동떨어져 지내는 사람

대응책
· 부정적 행동, 태도, 말투 등에서 타깃이 됐다면 공개적으로 인정해 버린다.
· 자기의 분노에 이름표를 붙여서 옆으로 미뤄 둔다.
· 자기와 상황을 분리해서 생각하도록 한다.
· 뒷담화 중독자들과 맞서거나, 상사, 인사팀 등에 이야기하는 것은 신중하게 한다.
· 개싸움을 할 것이라면 확실하게 한다.

착한 감정 기복자

송 과장은 개발 프로젝트 외주를 전문으로 하는 작은 개발 회사에서 프로젝트 매니저 역할을 하고 있다. 월급이 아주 많거나 일이 재밌어서 하는 것은 아니지만, 그 회사를 창업한 선배와 성격이 잘 맞았고, 프로젝트 때마다 다른 환경 및 다른 사람들과 일하는 것이 자극을 주었기 때문에 계속 한 회사에서 근무를 했고, 참여한 프로젝트가 30개가량 되는 베테랑이었다.

그렇지만 이런 송 과장에게도 이번 프로젝트 고객사인 스타트업의 서비스 기획팀 최 대리는 정말 새로운 유형의 진상이었다. 고객사 기획팀에는 원래 기획 경력만 10년이 넘는 전문가가 있었다고 하는데, 외주 계약 직전 이직을 했다고 했다. 작은 스타트업이니 대표가 가장 역량 있는 기획자이기는 했는데, 그는 여기저기 펀딩을 받으러 다녀서 일주일에 한두 번 사무실에 나타났을 때 전체적인 진도와 방향에 대해서만 체크했고, 때문에 기획 실무를 최 대리가 총괄하고 있었다.

최 대리는 착하고 순진한 사람이었다. 보통 고객사에서 최고 진상은 개발 외주팀을 자기 노예로 생각하는 갑질형 고객이었는데, 최 대리는 이런 성향은 아니었다. 그녀는 밝고 협조적이었으며, 열심히 외주팀의 업무 외적인 것들을 도와주려고 했다.

하지만 그녀의 문제는 우선 대리라는 이름이 무색하게 업무에 대해서는 아무것도 모른다는 것이었다. 분명 그 전에 참여한 개발 프로젝트가 5개 정도 된다는데, 요건 정의서도 제대로 만들 줄 몰랐고, 세부 요구 조건이 하나씩 바뀔 때마다 기술적으로 어떤 이슈가 생길지에 대해서도 제대로 이해하지 못했으며, 이런 이유로 일정을 변경해야 하는 경우 어떻게 프로젝트 계획을 변경하고, 이를 어떻게 회사의 대표 및 운영 담당자, 디자이너 등과 커뮤니케이션해야 하는지도 전혀 모르는 것 같은 표정을 짓고 있었다. 그렇다고 그냥 조용히 지켜보고 있으면 비록 외주팀이지만 송 과장이 변경되는 요청 사항들을 기존 개발 일정에 어떻게 녹여 넣고 기술적 요건을 변경할지 대표와 직접 커뮤니케이션하면 될 텐데, 최 대리는 계속 매번 다른 조건을 추가하면서 그 상황에 대해 자기를 거쳐 가지 않는 외주팀과 대표의 다이렉트 커뮤니케이션은 최대한 막으려고 했다.

요구 조건 변경이 너무 많아서 일정을 더 늘리지 않으면 주말 근무를 해서도 결코 충족시킬 수 없다는 게 분명해질 무렵, 결국 송 과장이 고객사 대표와 그간의 상황을 설명하고 프로젝트 기간을 연장하든 아니면 최초의 요건까지만 진행을 하든 양자택일을 하라고 커뮤니케이션을 하게 됐다. 그날 오후 대표와 짧게 면담을 하고 나온 최 대리의 얼굴은 이미 눈물이 가득했다. 프로젝트 팀과 아무런 이야기도 하지 않고, 눈도 마주치지 않고, 자기 자리에서 계속 훌쩍거리기만 했다. 나중에 알고 보니 고객사 대표는 그저 자기가 직접 외주팀과 커뮤니케이션하는 게 나을 것 같다는 말을, 그것도 아주 부드럽게 했다는데 그녀의 기분은 마치 해고 통보라도 받은 사람 같은 표정이었다. 그 울먹이는 표정은 그로부터 며칠간 계속됐다.

둘 사이의 대화 내용을 모르는 송 과장은 최 대리가 대표에게 엄청 혼났다고 생각했고, 때문에 업무 시간을 쪼개서 그녀가 일을 잘하고 있다고 대표에게 자랑할 만한 자료까지 함께 만들어 주었고, 그 자료를 통해 대표에게 칭찬을 받은 그녀는 다음 날 너무도 밝은 표정을 지으면서 처음의 친절 모드로 돌아왔다.

하지만 그녀의 실력은 바닥에서 전혀 돌아올 줄을 몰랐고, 다시금 황당한 요구와 상황 파악이 되지 않은 헛소리를 하기 시작했다. 더 이상 챙겨 주다가는 프로젝트 전체가 꼬일 상황이 되자 송 과장은 다시금 고객사 대표와 직접 이야기를 했고, 프로젝트 끝날 때까지 이 형식으로 일하기로 합의를 했다. 최 대리는 다음 날 아침 다시 세상이 무너진 것 같은 표정으로 자리에 앉아서 엉엉 소리 내서 울기 시작했다.

우리는 모두 감정 기복을 겪습니다. 세상 일에 일희일비 (一喜一悲)하지 않고 차분한 마음가짐으로 지내면 좋겠지만, 속세를 초월한 스님들이라면 몰라도 우리 같은 보통 사람들이 감정을 제대로 조율하면서 사는 건 어려운 숙제입니다. 때문에 요즘에는 기쁜 일이 있으면 기뻐하고, 슬픈 일이 있으면 슬퍼하는 게 자기 감정에 솔직한 것이라는 사람도 많아졌습니다.

그렇지만 회사라는 곳에서는 수많은 사람이 어울려 일하는 곳이고, 다양한 상호 관계로 엮여 있기 때문에 내가 내 감정을 너무 솔직하게 드러내면 어려운 문제가 생길 수 있습니다. 업무 성과니 마감이니 하는 것들은 내 감정 상태에 따라 바뀌는 것들이 아니니 조직에서 일을 할 때는 힘든 일이 있어도 버텨 내고, 기쁜 일이 있어도 주변에 너무 티 내지 않는 게 전체적으로 도움이 됩니다.

물론 항상 감정을 숨기면서 살 수는 없으니 때론 자기의 감정에 솔직해지는 것도 필요합니다. 다만 감정을 너무 드러내는 게 아주 좋은 태도라고 하기는 어렵습니다.

그리고 감정 기복을 심하게 겪고 이를 드러내는 사람은 아무리 이해한다 해도 조직 내에서 좋은 평가를 받기 어렵습니다. 그심한 기복을 받아 줘야 하는 사람이 겪는 힘겨움 때문이기도 하지만, 무엇보다 여러 사람이 모여 있는 곳에서 한 사람이 극단적인 감정을 표출하면 그 감정이 강한 전염성을 보여 주기 때문입니다. 전염이 된다는 건 감정을 표출하는 사람과 동일한 감정을느끼는 것을 의미하지만, 반대로 그 감정 때문에 촉발된 반대의감정을 느끼는 것도 포함합니다.

사람에게는 거울 신경이 있다고 합니다. 이 신경은 내 주변에있는 사람의 감정에 내가 영향을 받아서 아무런 이유 없이 그 사람과 유사한 감정을 느끼게 하는 역할을 합니다. 우리가 갓난아기였을 때 엄마가 웃으면 아이가 그 모습을 보면서 함께 웃게 되는 이유를 설명하는 신경입니다. 웃거나 즐거운 감정만 전염되는 게 아니라 우울해 하는 사람 옆에서는 나도 우울해지고, 흥분하고 있는 사람 옆에서는 나도 흥분하게 됩니다.[13] 그 감정이 강렬할수록 더 명확하게 인식되기 때문에 우리가 영향받을 가능성도 커집니다.

그리고 그 때문에 그에 반대되는 감정이 생기는 경우도 있습니다. 우는 사람을 보다 보면 같이 슬퍼지기도 하지만, 갑작스럽게 짜증이 몰려오는 경우도 있으니까요.

하루의 대부분을 함께 보내고, 실적과 업무 진도를 빼야 하고, 상사나 주변의 압박과 눈치를 봐야 하는 직장에서는 이런 거울 신경이 더 큰 영향력을 발휘합니다. 사람들이 기본적으로 긴장 상태이니까요.

위에서 언급한 것처럼 우리 모두 감정 기복이 있습니다. 때문에 감정 기복이 있다는 것 자체로 누군가를 비난하거나, 비웃을 이유는 전혀 없습니다. 하지만 이런 기분의 변화를 행동과 태도처럼 겉으로 보여지는 것들의 변화까지 가지고 와서 주변 동료들의 기분과 부서 분위기까지 함께 롤러코스터를 태운다는 게 문제입니다.

신경을 쓰지 않으려니 부서와 주변 동료들의 기분을 뒤흔들고, 그렇다고 싫은 소리를 하거나 지적을 하면 더욱 큰 감정 기복을 보여서 결국 어린아이 달래듯 챙겨야 하는 이 착한 감정 기복자들은 어떻게 대하는 게 좋을까요?

우선, 착한 감정 기복자들의 일반적 행태를 자세히 살펴보겠습니다.

① 사람과 모임을 쫓아다니며 인정을 받고 싶어 합니다

감정 기복이 심한 사람들의 일차적인 특성은 주변 사람들의 인정과 관심을 굉장히 받고 싶어 한다는 겁니다. 그렇다고 자기를 아주 적극적으로 드러내는 소위 관종은 아닙니다. 모임이나 회사 등에서 보이는 모습은 적극적이기 보다는 수동적이고, 뒤로 빠져 있는 성향에 가깝죠. 모임 등에서 아주 즐거워하는 것 같지도 않습니다. 하지만 모임 등을 꾸준히 찾아다닙니다. 그리고 그곳에서 누군가가 자기를 알아주고, 챙겨 주고, 말을 걸어 주고 돌봐 주길 기대하는 눈치를 계속 보입니다. 평소 잘 챙겨 주는 사람이 있다면 그 사람을 졸졸 따라다니는 경우도 있습니다. 정서가 불안정한 사춘기 시절 학생들이 리더십 있는 친구에게 보여 주는 모습과 굉장히 유사한 면이 많이 보입니다.

2 평소에는 굉장히 협조적이고, 타인에게 맞춰려 합니다

착한 감정 기복자들은 주변의 관심과 애정, 돌봄을 기대하는데 이를 적극적으로 요구하지는 못합니다. 때문에 주변 사람에게 굉장히 친절하고, 남을 맞춰 주려는 모습을 보입니다. 가만히 보면 자기 의견이나 자기 생각이 없는 것은 아니고, 어떨 때는 굉장히 독단적인 느낌을 주지만, 그래도 평소에 보이는 모습은 최대한 남에게 협조적이며 맞춰 주려 하는 태도입니다.

3 정서적으로 불안정하고 피상적인 느낌을 줍니다

착한 감정 기복자들의 모습 중에서 가장 인상적인 것은 뭔가 굉장히 피상적이라는 점입니다. 일에 대해 경험해 봤고 알고 있다고 이야기하는데, 자세히 확인해 보면 그 일을 해 온 경력 등에 비춰 볼 때 알고 있는 디테일이 굉장히 적습니다. 그러면서도 그 일에 대해 잘 알고 있다고 이야기하고, 스스로도 그렇게 믿고 있는 것처럼 보입니다. 이런 피상적인 지식, 경험, 인식은 비단 일에 대한 것만이 아닙니다.

예를 들어, 가장 좋아하는 취미가 있는데 정작 시작한 지는 고작 한 달밖에 안 된다든지, 정말 사랑하는 사람이 있다는데 어제 처음 만났다든지 하는 식으로 보통 사람들 입장에서는 잘 이해가 안 되는 수준의 피상적인 인식을 자기 주변의 모든 일에 대해 가지고 있는 것처럼 보입니다.

이들이 어떤 의도가 있고 숨겨진 목적이 있어서 이런 태도를 보이는 게 아니고, 실제로 이렇게 믿고 있다는 게 눈여겨볼 점입니다.

4️⃣ 사소한 일에 갑자기 감정이 변합니다

착한 감정 기복자들의 감정 변화는 예측이 안 되고, 납득은 더더욱 안 됩니다. 상사가 "요즘 팀 성과가 나쁘니 열심히 합시다"라는 말을 팀 회의 때 모든 직원에게 했는데 회의 끝나고 갑자기 자기 성과가 나쁜 것에 대해 비난 당했다고 운다든지, 평소 맘에 있던 옆 부서 직원이 지나가면서 눈이 한 번 마주쳤다고 그날 내

내 주변 동료들에게 "그 사람도 내게 마음이 있나 봐"라는 말을 하면서 공중에 붕 떠 있는 모습을 보인다든지 등의 행태를 보입니다. 옆 사람이 보면 혼자서 "무슨 오버냐"라는 말이 튀어나올 것 같은 행동과 그에 기반한 감정의 널뛰기가 펼쳐지죠.

앞에서 세상에 대한 인식도 굉장히 피상적이라는 이야기를 했는데, 착한 감정 기복자들의 감정 역시 굉장히 사소하고 피상적인 이유로 기복을 보여 줍니다.

5 갑자기 울거나 소리치는 등의 격한 반응을 보일 때가 있습니다

감정 기복의 이유가 얄팍하니 보이는 태도 역시 그저 약하게 보여 주면 좋은데, 막상 감정의 표출은 굉장히 강하게 나타납니다. 우울해지면 세상이 무너진 것 같은 표정과 태도를 보이며 소리내어 운다든지, 반대로 기분이 좋아지면 혼자서 콧노래 부르면서 세상 모든 사람에게 천사 같은 미소를 띄우는 등의 태도를 보입니다.

어느 형태든 감정의 반응은 상당히 격렬하고, 잔소리 한마디 들었다고 한 시간 동안 대성통곡하는 식으로, 보여 주는 감정과 그 감정을 불러왔던 애초의 이유 사이에 상식적인 비례 관계가 존재하지 않는 경우가 많습니다.

6 기분과 상관없이 업무 품질은 상당히 저조한 경우가 많습니다

착한 감정 기복자들의 감정은 위아래로 널뛰지만, 이들이 꾸준한 모습을 보여 주는 면이 있습니다. 바로 업무의 품질이죠. 타인에게 업무가 아닌 것으로 관심을 받고 싶어 하고, 업무 이외의 자리에 많이 나가고, 사소한 것에 감정을 격렬하게 소모하고, 피상적인 이해만 가지고 있는데, 이런 사람들이 일을 제대로 하면 이상한 일이죠. 가져온 결과물이 부실하기도 하지만, 애초에 업무를 받았을 때 이를 적절하게 체계화하고, 일의 우선순위를 정하는 점에서도 굉장히 부실한 모습을 보입니다.

일을 받으면 그 일을 어떻게 할 것인가에 대해 고민하기 보다 '상사가 내게 이 일을 주다니, 내가 인정받았나 보다' 혹은 '상사가 내게 이런 사소한 일을 시키다니, 상사가 나를 없는 사람 취급하려나 봐' 같은 식의 황당한 몽상의 날개를 펼치는 데 시간을 쓰니 업무 결과 이전에 기본적인 업무 진행 계획조차 세우지 못하는 게 당연하기도 합니다.

회사에서는 대체로 연차가 낮은 직원들 중에서 이런 사람이 가끔 나타나는 것 같습니다. 다만 아주 극단적으로 심한 경우를 제외하면 사회생활 연차가 쌓이면서 차츰 자기 감정도 조절할 줄 알게 되고, 감정 변화가 오더라도 그것을 다른 사람들 앞에서 드러내는 빈도를 자연스럽게 줄일 줄 알게 되는 것 같습니다. 그리고 어떤 나쁜 의도를 가지고 이런 기복이나 예민함을 보이는 것은 아니기 때문에 괜찮은 동료나 상사를 만나게 되면 비교적 빠른 시일 내에 문제적 태도가 줄어들고 조직에서 나름 괜찮은 성과를 만드는 경우도 있는 것 같습니다.

어쨌든 이런 동료가 옆에 있으면 분명 신경 쓰이고 불편한 것은 사실입니다. 그래도 따뜻하게 챙겨 주면 다른 문제적 인간들과는 다르게 조금씩 개선되는 게 보이기도 합니다.

착한 감정 기복자들과 같이 일할 때 그들을 효과적으로 도와줄 방법을 생각해 보겠습니다.

① 철저하게 팩트와 개별 사례에 대해서만 언급할 것

감정 기복이 심한 동료에게 이야기할 때 우선 조심해야 하는 것은 팩트 이외의 것을 전달하지 않는 게 좋다는 점입니다. 그리고 그 팩트도 여러 건을 묶어서 뭐라고 하거나, 일반화해서 이야기하면 안 됩니다.

예를 들어 상사의 사소한 말 한마디에 혼자서 화장실에서 엉엉 울다가 퉁퉁 붓은 얼굴로 주변에 우울감을 전파하고 있다면, 바로 이 행동에 대해서만 말하는 게 좋습니다. 즉, "상사에게 싫은 소리 들으면 모든 사람이 다 힘들 수 있어. 그렇지만 그렇게 소리 내어 울거나 그 뒤에 계속 울 것 같은 표정으로 있는 건 나를 포함한 주변 동료들을 힘들게 하는 일이야. 퇴근 후에 같이 가면서 이야기를 충분히 나눌 테니 지금은 일에 집중하는 게 더 좋을 것 같아"라는 식으로 말이죠. 절대 '너는 항상' 혹은 '매번' 같은 부사와 함께 이야기하지 않는 게 좋습니다. "너는 상사에게 혼나기만 하면 매번 남들 다 들으라고 울더라. 그러면 안 돼"라는 식으로 이야기하지 않는 게 낫다는 겁니다.

❷ 특별한 목적이 있어 감정 기복이 있는 게 아니라는 점을 인지할 것

착한 감정 기복자들이 심한 감정 기복을 보이고, 어린애들처럼 사소한 것에 마음 상해 하는 것에 대해 조금은 관대한 눈으로 봐 줄 필요가 있습니다. 분명 감정 기복이 심한 사람 중에는 목적을 가지고, 혹은 주변으로부터 시선을 끌어오기 위해 일부러 감정 기복을 내보이는 사람도 있습니다.

하지만 대다수는 소위 말해서 너무 '순진'하기 때문입니다. 감정의 성숙도가 마치 어린아이 같은 거죠. 사춘기를 지나고 성인 초기까지 보통의 사람들은 실패, 좌절, 거절, 상대의 공격 등 부정적인 경험을 하게 되고, 이를 통해 자기 마음에 상처를 입지만 이를 적절하게 통제하고 나의 발전을 위해 이 상처를 승화시키는 과정을 거칩니다. 쉽게 말하면 철들고 성숙해지는 거죠.

그런데 감정 기복이 심하거나, 사소한 것에 마음 상해 하는 사람들은 이 과정을 적절하게 밟지 않았기 때문에 나이에 비해 마음을 다스리는 훈련이 안 돼 있는 겁니다. 그러니 외부에서 부정적인 일이 생기면 이를 어떻게 처리할지 몰라 급격하게 다운되고, 이를 벗어나면 반작용으로 급격하게 기분 좋아지는 행태를 보이는 거죠. 이기적이거나 자기중심적이지 않고 단지 감정을 제대로 다스리지 못하고, 이를 적절히 통제하는 데 어려움을 겪는 것이라고 생각되면, 어린 동생 보듯 자기를 통제하는 연습을 할 시간과 기회를 주는 게 좋은 모습입니다.

물론 내가 굳이 동료에게까지 이런 식의 너그러움을 보여 줄 필요가 있나 싶겠지만, 이런 훈련이 안 된 상태에서 내가 상사로 이런 직원을 만나게 되면 적잖게 당혹스럽고 리더로서 스텝이 꼬이기 쉽습니다. "저 팀장은 걸핏하면 밑에 애들 울리더라" 같은 이야기가 회사 내에 돌아다니는 건 그렇게 기분 좋은 상황이 아닐 테니, 책임이 덜할 때, 즉 착한 감정 기복 직원이 부하가 아니고 동료일 때 달래고 동기 부여 하는 훈련을 해 보세요.

③ 업무의 명확한 원칙을 주지시키고, 긍정적 태도로 일관성 있게 대할 것

감정 기복이 심한 사람은 어린아이 같다는 이야기를 했습니다. 어린아이를 교육시킬 때 중요한 부분이 부모가 긍정적인 태도로 일관성 있게 대하는 것입니다. 이렇게 하면 아이의 정서적인 안정감이 확실히 올라간다고 합니다.[14]

착한 감정 기복자들은 많은 경우 공사 구분이 잘 되지 않습니다. 그러니 회사에서 혼났다고 울거나 상사가 인정해 줬다고 공중에 떠 있는 모습을 보여 주는 겁니다. 때문에 이들에게는 명확한 원칙이 주지 되는 게 우선 과제입니다. 조직에서 적절한 행동과 적절하지 않은 행동을 알려 줘야 합니다. 그리고 이에 어울리지 않는 행동을 했을 때 너무 공격적이거나 부정적이지 않게, 가능하다면 긍정적인 모습으로 알려 주는 게 필요합니다. 같은 실수를 반복하거나, 정말 어처구니 없는 모습으로 감정 기복을 드러내서 화가 나는 때가 있더라도 일관성을 유지하는 게 중요합니다.

이왕 사람 고치고 도와주겠다고 마음 먹었다면 꾸준하게 일정 기간에 걸쳐 차분히 대해 주면 정말 개선이 빠르게 이루어질 수 있습니다.

4 같이 감정적으로 반응하지 말 것

가장 피해야 하는 태도는 같이 감정적이 되는 겁니다. 몇 차례 이야기했는 데도 다시 울고 있는 모습을 보인다고 버럭 화를 낸다든지, 아니면 붕 떠 있는 모습을 보인다고 냉소적인 태도를 보여 준다든지 하는 것은 그간 들인 노력을 없애버릴 뿐입니다. 아예 처음부터 냉정하게 지적만 했다든지, 아니면 아예 신경을 안 썼다면 몰라도 어느 정도 챙겨 주기 시작했다면 최소 몇 개월 정도는 내 감정을 굳이 드러낼 필요 없이 챙겨 주는 게 도움이 됩니다. 다만 진짜 어린아이는 아니니 몇 개월 정도의 노력으로도 개선이 안 된다면 포기하는 걸 생각해 봐야 합니다.

 착한 감정 기복자의 태도와 대응책

태도
· 사람과 모임을 쫓아다니며 인정을 받고 싶어 한다(관종은 아님).
· 평소에는 굉장히 협조적이고, 타인에게 맞춰 주려 한다.
· 굉장히 사소한 일에 감정이 갑자기 변한다.
· 갑자기 울거나 소리치는 등의 격한 반응을 보일 때가 있다.
· 기분과 상관없이 업무 품질은 상당히 저조한 경우가 많다.

대응책
· 철저하게 팩트와 개별 사례에 대해서만 언급하자.
· 특별한 목적이 있어 감정 기복이 있는 게 아니라는 점을 인지하자.
· 업무의 명확한 원칙을 주지시키고, 긍정적 태도로 일관성 있게 대하자.
· 같이 감정적으로 반응하지 말자.

만성형 투덜이

신사업팀 강 대리에게 2년 선배인 민 대리는 괜찮은 사람이기도 했지만, 참 난감한 사람이기도 했다. 민 대리는 일을 상당히 잘했고, 머리도 나쁘지 않아서 상황 파악도 잘했다. 차갑거나 냉혹한 사람도 아니었고, 주변 동료들에게는 친절한 편이기도 했다. 그렇지만 민 대리의 문제는 끊임없이 투덜거린다는 점이었다. 단적으로 민 대리와 일하기 시작한 지 불과 반 년도 안됐는데, 술자리에서 "이놈의 회사, 때려치 우고 만다"는 말을 들은 게 벌써 세 번이었다.

신사업팀의 대표이사 보고 때 같이 참석했다가 사업 아이디어들이 경 영진의 칭찬을 못받고 깨지자 거의 대표이사 귀에 들릴 만큼 '개뿔, 아 무것도 모르는 새끼가 지랄'이라고 말했다가 신사업팀 이사에게 불려 가 시말서를 쓰기도 했다. 업무 일정이 늦어져서 주말 근무를 해야 하 는 상황이 오자 자기 자리에서 '돈 조금 주고 되게 부려 먹네, 젠장'이 라고 상당히 큰 소리로 이야기를 해서 팀장에게 경고를 먹기도 했다.

민 대리의 투덜거림의 대상은 90%는 회사와 상사에 대한 것이었다. 강 대리 역시 직원으로서 그가 투덜거릴 때 비슷한 감정을 느끼는 경 우도 있었기 때문에 이 부분에서는 별로 문제될 것이 없었다. 하지만 민 대리는 한두 번 투덜거리고 마는 게 아니라 한 사안에 대해서도 반복적이고 지속적으로 투덜거려서 팀의 에너지를 빼고 있었다.

팀장은 미팅을 가고 팀원들끼리 신사업 아이디어 워크숍 준비를 위한 야근을 하고 있을 때였다. 새로운 사업 아이디어를 내기 위한 워크숍 준비였기 때문에 야근이라는 점만 빼면 팀이 당연히 해야 하는 일이 고, 워크숍에서는 서로 황당한 아이디어부터 자기가 창업하게 되면 하겠다는 아이디어까지 다양하고 개방적으로 이야기를 나누는 재미 도 있었다. 즉, 야근이라는 점만 빼면 충분히 재미있을 수 있는 준비 업무였던 셈이다.

그런데 민 대리는 팀장이 미팅을 위해 나가는 순간부터 자기 자리에서 끊임없이 팀장과 회사와 야근에 대해 욕을 해 댔다. 그 소리를 견디다 못한 과장이 버럭 화를 낼 때까지 두 시간이 넘게 그의 투덜거림은 지속됐고, 덕분에 팀의 분위기는 엉망이 됐다.

얼마 후에는 새로운 사업 기회에 참여할 공급 회사를 물색하는 일을 민 대리가 맡게 됐는데, 그날 하루 종일 만나는 사람에게 모두 "왜 이놈의 회사는 나만 못살게 구는 거야"라고 투덜거렸고, 이를 알게 된 팀장이 자기가 직접 하겠다고 "너 그따위로 일할라면 하지마, 임마!"라는 말까지 사무실에서 나오게 만들었고, 그날 오후도 부서의 분위기는 살얼음판이 됐다.

회사에서 만나는 사람들 중에는 나를 직접 공격하거나 나를 타깃으로 힘들게 하지 않아도 함께 일하게 되면 사람의 에너지를 뺏고 지치게 만드는 부류들이 있습니다. 그중 가장 흔한 스타일이 매사에 불평불만을 터뜨리는 사람입니다. 그들의 불평불만을 가만히 들어 보면 완전히 틀린 말은 아닙니다.

그리고 그 나름대로의 논리가 있고, 특히 회사나 꼴통인 상사에 대해 투덜거리는 소리를 할 땐 어느 정도 동의하는 부분도 있습니다. 이들이 적당히 투덜거린다면 전혀 문제될 것이 없는 동료죠. 하지만 투덜이들 중에는 정도가 지나친 경우가 종종 있습니다. 정도가 지나쳐서 결국 주변 동료를 힘들게 만드는 투덜이에 대해 알아보겠습니다.

불평불만의 세 가지 유형[15]

불평이나 불만이 다 같은 불평불만이지 뭐가 다를 게 있나 싶을 것입니다. 사실 불평불만에도 종류가 있다고 합니다. 이런 종류를 살펴볼 의미가 있는 이유는 모든 불평불만이 주변에 문제를 일으키는 게 아니라 특정 유형만 그렇기 때문입니다. 만약 주변에 불평불만을 입에 달고 사는 사람이 있다면 그 유형이 어디에 속하는지 한 번 비교해 보면 좋겠습니다.

① 도구적 불평(Instrumental complaints)

첫 번째 유형은 소위 도구적 불평이라고 이름 지을 수 있을 것 같습니다. 불평을 하나의 도구로 사용한다는 것입니다. 예를 들어 후배 사원이 매번 자료에서 비슷한 숫자 실수를 반복한다거나 상사가 담배 피우고 난 뒤에 일회용 커피를 마셔서 입냄새를 심하게 풍긴다면 이에 대해서 불평을 할 수 있습니다. 이런 불평도 불평지만, 이것은 분명히 문제 해결을 위한 불평불만입니다. 문제 상황을 만든 사람도 명확하고, 문제의 요지도 명확하며, 문제 해결을 통해 좀 더 좋은 성과 혹은 좀 더 좋은 업무 환경을 만들자는 것이기 때문에 충분히 필요한 불만입니다.

다만, 이에 대해 좋은 말을 건넬지, 부드럽게 설득할지, 아니면 불평불만의 말투로 전달하는 것이 좋을지는 상황에 따라 적절한 방법이 다를 수 있습니다. 어쨌든 꼭 필요한 것입니다.

❷ 김빼기용 불평불만(Venting)

업무를 하다 보면 황당한 일도 생기고, 짜증 나는 일도 처하고, 나를 화나게 만드는 사람도 만나게 됩니다. 억울한 상황이 벌어질 수도 있습니다. 이를 매번 냉정하게 처리할 수 있다면 좋겠지만, 냉정을 유지하기 힘들 때도 많습니다. 우리가 흔히 '열 좀 식혀'라고 말하는 용도의 불평불만이 바로 이 부류입니다.

부당한 업무 지시를 받았는데 상사에게 들이받을 수 없는 상황이거나, 업무 상대나 고객이 내게 무례한 행동을 했을 때 같은 경우, 우리가 머리를 냉정하게 하려면 어느 정도 김을 빼야 합니다. 실제 이럴 때 적당한 투덜거림은 분명 도움이 됩니다. 이걸로도 안 되면 친한 동료와 사무실 밖으로 나가서 잠깐이라도 뒷담화를 하거나 커피를 마시거나, 바람을 쐬기도 하죠. 이런 행동과 동일 선상에서 투덜거리는 거죠. 상대가 이를 알게 하거나, 모든 사람에게 나의 화남을 알리는 실수만 하지 않는다면 업무 생산성에도 도움이 되고, 홧병을 피할 수 있는 좋은 방법이기도 합니다.

❸ 만성적, 습관적 불평불만

불평불만 중에 여러 문제를 만들어 내는 유형이 바로 이 부류입니다. 도무지 만족할 줄도 모르고, 기뻐할 줄도 모르며, 세상의 모든 일에 대해 부정적입니다. 자기를 조금만 힘들게 하거나,

자기의 의도와 약간이라도 다른 결과가 나오거나, 누군가 자기의 루틴을 약간이라도 바꾸는 행동을 하면 그에 대해 긍정적으로 받아들일 생각은 전혀 없이 계속 우는소리만 하는 성향이죠.

많은 경우 성인인 사람이 보이는 극적인 반응, 가령 화를 내거나 슬퍼하거나 아주 기뻐하는 것들은 우리 두뇌 속에 패턴화된 일종의 자동 반응이라고 합니다. 즉, 매사에 부정적이고 불평불만을 반복하는 사람은 이미 두뇌 속에 모든 일을 그런 식으로 대응하도록 프로그래밍돼 있는 셈입니다. 두뇌의 회로를 바꿔서 매사에 긍정적이고 적극적으로 받아들이도록 바꾸면 되지 않을까 싶겠지만, 사람의 정서와 충동은 쉽게 바꿀 수 없는 성격의 일부입니다. 즉, 웬만한 노력으로는 만성형 투덜이는 고칠 수 없는 문제라는 뜻입니다.

그런데 만성형 투덜이는 혼자만의 문제일 뿐 회사에서 동료끼리 어떤 문제를 일으키는 요인은 아니라고 생각할 수도 있을 것 같습니다.

만성형 투덜이들은 어떻게 해악을 가져오는지 살펴보겠습니다.

❶ 상황을 실제보다 못 하게 인식하도록 만든다

옆에서 투덜거리는 사람이 있으면 그 자체로도 시간과 집중력 낭비를 가져옵니다. 하지만 습관적, 지속적, 반복적인 동료의 불평불만은 우리가 속해 있는 회사, 부서 그리고 우리가 하고 있는 업무에 대해 부정적인 시선을 갖도록 강요를 합니다. 나는 상사의 이야기가 아무렇지 않았고, 나는 회사의 방침이 이상하지 않았고, 나는 다른 부서의 요청이 별 문제 없다고 생각했는데, 옆에서 끊임없이 투덜거리는 사람의 시각은 우리에게 알게모르게 영향을 줍니다. 그래서 내가 너무 순진하게 생각하는 것이고 저 사람의 비판적, 부정적 시각이 사실은 팩트 아닐까 하는 의문이 들게 됩니다.

앞에서 사람의 사고는 일정 부분 자동화된다고 이야기했습니다. 옆에서 계속되는 부정적인 시각의 정보 입력은 우리에게 일을 부정적으로 보도록 하는 자동화 사고의 바탕을 만들어 냅니다. 아차 하면 나도 같은 만성형 투덜이가 되기 십상이죠.

② 사람의 힘과 동기 부여를 떨어뜨린다

매사에 부정적인 사람과 함께 있으면서 활력과 동기 부여를 유지하는 건 어렵습니다. 우리에게 있는 거울 신경의 영향도 있고, 가까이 있다 보면 동조 되는 경향도 있다 보니 만성형 투덜이의 태도를 무시하고 일에 집중을 하려 해도 쉽지 않습니다. 때문에 일에 집중력이 낮아지고, 낮아진 집중력은 다시금 우리의 업무 의욕을 낮춥니다.

만성형 투덜이에게 나만 영향을 받는 게 아니라 부서원 전체가 영향을 받으니 부서 전체의 활력이 낮아집니다. 경험한 사람도 있겠지만, 우울해 하거나 불안해 하는 사람 그리고 투덜거리는 사람이 옆에 있으면 아무것도 하지 않아도 힘이 쭉 빠집니다.

③ 사람을 예민하고 감정적으로 만든다

근거가 있거나 타당한 이유가 있는 불만도 오랫동안 듣다 보면 짜증이 납니다. 그런데 옆에서 모든 일에 대해 불만을 제기하는 사람이 있다면 그 사람에게 동정이나 동의가 되는 게 아니라 슬슬 열이 받기 시작합니다. "알았으니까 이제 입 닥치고 일 좀 해라"라고 한마디 쏘아붙이고 싶어 질 때쯤이면 이미 나도 만성형 투덜이 때문에 감정이 상한 상태가 된 거죠.

부정적인 감정이 타인 때문에 생기게 된 셈인데, 부정적인 감정은 일단 생기면 어떤 식으로든 우리에게 생채기를 남깁니다. 필요 이상으로 예민하게 만든다거나, 화를 낼 일이 아닌데 화를 내게 만든다거나, 아니면 그 감정을 억누르기 위해 에너지를 소진하는 식이죠.

충분히 평정심을 유지할 수 있는 일과였는데, 만성형 투덜이 한 명 때문에 부서원 전체가 예민해지고, 이에 따라 긴장도도 올라가고, 부서에서 갈등이 생기거나, 스트레스를 받게 되는 일도 생기기 쉬워지게 됩니다.

❹ 참신하고 재미있는 아이디어를 막는다

만성형 투덜이들이 부서의 분위기에 지속적으로 영향을 주다 보면 긍정적이고, 참신하고, 재미있는 생각들이 발을 붙이기가 어려워집니다. 단순히 아이디어뿐 아니라 이런 부서 분위기를 만들려는 노력들도 무시 받기 일쑤입니다.

예를 들어 부서장이 공간을 예쁘게 꾸미겠다고 화분을 들여오거나 칸막이벽의 색을 바꾼다고 하면 만성형 투덜이들은 "왜 쓸데없는 걸 해서 사람 귀찮게 하는 거야"라는 말 한마디로 이런 노력을 완전히 폄훼할 수 있습니다.

예전에 봤던 사람 중에는 부서의 젊은 직원이 부서원들 힘내라고 초콜릿을 사 온 것을 보고 "월급 많이 주니 돈지랄한다"라고 이야기하는 사람도 있었습니다. 이런 사람이 있는 부서에서 어떻게 생산적인 아이디어들이 나올 수가 있겠습니까? 앞에서 만성적, 습관적 투덜이들은 뇌에 이렇게 반응하는 게 거의 자동화돼 있다고 했습니다.

그럼, 만성형 투덜이들은 왜 이렇게 된 것일까요?

❶ 피해 의식, 공격성, 기회주의적 속성이 있거나 심각하게 자기중심적이다

만성형 투덜이들은 기본적으로 타인의 생각이나 주변의 상황보다 자기의 기분이나 자기의 입장이 더 중요하고 그것을 먼저 생각하는 사람입니다. 상사가 어떤 것을 지시했을 때 그 지시가 갖는 긍정적인 의미나 내가 아닌 부서 차원에서의 맥락 등을 고려한다면 무조건 투덜거리지 않을 일이어도 그 때문에 결과적으로 자기가 일을 더 해야 하거나, 자기 책임이 생겼다면 일단이 사실 자체가 싫기 때문에 투덜거리는 것입니다. 자기중심적인 성향이 굉장히 강한 거죠.

그리고 자기중심적이라 해도 크게 예민하지 않거나, 자기의 부정적 감정을 드러내지 않는 성향이라면 만성형 투덜이가 될확률은 확 떨어집니다.

결국 만성형 투덜이들은 남보다 짜증을 더 많이 느끼고, 그것을 속으로 삼키지 않고 밖으로 쏟아 내는 공격적인 성향이며, 동시에 주변 사람을 고려하지 않는 자기중심적 성향인 사람입니다.

② 몽상은 많은데 사고의 폭과 유연성이 부족하다

자기중심성이 높지 않지만, 만성형 투덜이가 되는 사람들은 대부분 사고의 폭이 좁고 경직성을 많이 가지고 있는 사람입니다. 이들은 받아들일 수 있는 새로운 정보나 변화가 많지 않습니다. 새로운 상황에 적응하는 능력이 약하고, 다른 사람의 생각을 이해하는 힘도 약하기 때문에 예상치 못한 일이 생기면 이에 대해 환기(venting)해야 할 일이 많습니다.

그러다 보면 불평불만이 습관이 되고, 버릇이 되어 버리는 거죠. 자기가 아주 잘 알고, 익숙하고, 해 왔던 일이 아니면 모든 상황이 이들에게는 스트레스 요인처럼 작동하고, 이들 나름대로 대응하는 것인데, 주변 사람들은 이들의 적응 과정을 별로 즐겁지 않은 마음으로 지켜봐야 한다는 게 문제인 셈이죠.

③ 자아가 약하고 자존감도 약하다

사람이 새로운 것이나 예상치 못한 상황과 맥락의 변화를 편안하게 받아들일려면 자기 자신이 안정적이어야 하고, 자신감의 폭이 넓어야 합니다. 그래야 새로운 정보나 상황을 큰 문제 없이 받아들일 수 있게 됩니다.

하지만 자아가 약한 사람들에겐 예측하지 못한 상황이 그 자체로 위기로 인식됩니다. 앞에서 언급한 유연성이 부족한 사람들이 예상 외의 상황에 대한 반응이 '짜증'이 중심이라면, 자아가 약한 사람들은 '불안과 공포'가 기반이 되는 것 같습니다. 불안과 공포가 올라오니 그것을 풀기 위해 투덜거리게 되는 거죠.

어떤 이유로 불평불만이 시작됐건, 이 행동은 습관이 되기 아주 좋은 행동 중 하나입니다. 그러다 보니 자아도 의식하지 못하고 투덜거리는 사람도 많고, 여러 차례 지적을 받아서 개선하려고 하다가도 어느 순간 다시 투덜이로 금방 돌아가 버리는 일이 반복됩니다. 습관이라는 게 무서운 법이니까요.

이제, 만성형 투덜이들을
어떻게 대처하면 좋을지 살펴보겠습니다.

❶ 열을 식혀야 하는 상황이면 조언도, 분석도 하지 말고 짧게 맞장구 쳐 주고 일로 주제를 돌리세요

만성형 투덜이가 옆에 있으면 시간을 많이 빼앗깁니다. 자칫하다 가는 내 커피 타임 휴식이 전부 그 인간의 투덜거림으로 채워져 버리거나 일을 해야 하는데 자꾸 일에 대한 집중을 놓치게 됩니다.

일단 이들은 무조건 투덜거립니다. 그것 자체를 막을 수는 없습니다. "너 또 그러네"라는 말을 해 봐야 바뀌지 않습니다. "너, 김 부장 말이 그렇게 싫으냐?"라는 식으로 분석을 해 줄 이유도 없고, "김 부장에게 열받은 건 알겠는데 일단 일을 하면 어떠니?"라는 식의 조언도 별 효과가 없습니다. 김이 빠질 때까지는 압력솥 같아서 잘 안 막아집니다.

일단 맞장구를 좀 쳐 주세요. 대신 1~2분 정도 들어주고 난 뒤에는 "근데, 나 지금 이 일 처리해야 하니 나중에 이야기하자"라며 일을 핑계로 말을 자르세요. 계속 투덜거릴려고 해도 "일단 끝내고 이야기하자"라는 식으로 막아야 합니다. 열심히 들어 준다고 고마워하지 않을 뿐더러 부정적인 이야기만 듣다 보면 내 기분도 같이 나빠집니다.

② 시각을 바꿔 주세요

소위 '프레임'이라고 하죠. 사안에 대해 다른 시각으로 볼 수 있게 해 주는 겁니다. 만성형 투덜이들은 대체로 사안이나 사람에 대한 고정된 시각을 가지고 있는 경우가 많습니다. 그 시각이 아닌 다른 시각을 설명해 주는 것이죠.

특히 상사에 대해 불만을 가진 경우 상사의 입장에서 생각해 보도록 하는 시각을 주는 것은 많은 도움이 됩니다. 다만 자칫하면 그냥 꼰대 말이 될 여지도 있고, 그 사람이 자기 생각과 다른 생각을 받아들이려는 마음이 아예 없는 경우엔 전혀 도움이 안 되는 방법이기도 합니다. 그가 나에게 신뢰가 있을 때는 나름 효과가 있습니다.

③ 부정적 태도는 언급하지 말고 내 감정을 전달하세요

짜증이 많고 투덜거리고 있는 사람에게 "너 태도에 문제가 있어"라는 말은 그냥 싸우자는 말밖에 안 됩니다. 특히나 그가 속이 좁고, 자아가 약하고, 사고의 유연성이 떨어지는 사람이라면 더더욱 그렇습니다. 그렇다고 계속 그가 투덜거리게 놔둘 수도 없는 일입니다. 나도 일을 해야 하고, 내 귀중한 활력을 그런 일에 낭비하고 싶지는 않으니까요.

이때 도움이 되는 표현 방법은 'I speech', 즉 '나는'으로 시작해서 내 감정을 솔직하게 전달하는 말을 하는 겁니다. "너의 이야기를 계속 듣다 보니 내 마음도 부정적이 되는 것 같아 힘들어" 혹은 "내가 지금 이 과제를 마무리해야 하는데 내 마음이 많이 바쁘네. 우리 나중에 이야기하면 어떨까?"라는 식으로 이야기하는 겁니다. 이 정도로 전달하면 대부분의 경우 "어, 미안하다. 나중에 다시 이야기하자" 정도로 마무리될 겁니다.

내가 느끼는 감정을 솔직하게 전달하는 건 생각보다 상황을 악화시키지 않으면서도 그의 입을 적당히 막을 수 있습니다.

④ '긍정적으로 생각해 봐'라고 이야기하지 말고, '그래서 너 생각에는 어떻게 하면 좋겠니?'라고 물어보세요

만성형 투덜이들에게 우리가 가장 흔하게 보이는 반응은 "좀 긍정적으로 생각해 봐"라고 말하는 것입니다. 그리고 그 말의 효과에 대해 우리는 잘 알고 있습니다. 아무 효과가 없죠. 그렇다고 냉정하게 선을 그을 것이 아닌 관계인데 조언을 해 주고 싶다면 상황에 대해 "그래서 넌 어떻게 대응하면 좋겠니?"라는 식으로 물어봐 주는 게 많은 도움이 됩니다.

투덜거리는 것은 그 자체로는 상황을 분석하는 것도, 대안을 생각하는 것도 전혀 안 되지만 그의 생각을 물어보면 투덜거리다 가도 결국 분석과 대안 마련을 생각하게 됩니다. 바로 한번에

되지는 않지만, 자기 의견을 물어봐 주면 그도 일에 대해 '단순히 싫고 짜증 난다'의 태도가 아니라 '해결해야 하는 그 무엇'이라고 생각하게 된다는 거죠. 약간의 시간적 여유가 있고, 만성형 투덜이에 대한 애정이 있거나 교육을 좀 시키고 싶다면 해결 방안을 물어보면 많이 좋아집니다.

 만성형 투덜이의 부정적 영향과 대응책

부정적 영향

·상황을 실제보다 못 하게 인식하도록 만든다.

·사람의 힘과 동기 부여를 떨어뜨린다.

·사람을 예민하고 감정적으로 만든다.

·참신하고 재미있는 아이디어를 막는다.

대응책

·열을 식혀야 하는 상황이면, 조언도, 분석도 하지 말고 짧게 맞장구 쳐 주고 일로 주제를 돌리자.

·시각을 바꿔 주면 도움이 된다.

·부정적 태도는 언급하지 말고 내 감정을 전달하자.

·'긍정적으로 생각해 봐'라고 이야기하지 말고, '그래서 너 생각에는 어떻게 하면 좋겠니?'라고 물어봐 주자.

사람의 유형을 알면 답이 보인다

세상에 착한 사람들만 모여 있으면 행복할 것 같지만, 착한 사람끼리 있어도 갈등은 일어납니다. 혹은 세상 쿨한 사람들만 모여 있으면 좀 나을 것 같겠지만, 쿨한 사람들끼리도 의견 충돌은 생기고 부딪히는 부분이 있기 마련입니다. 그게 세상의 이치니까요. 연애라는 과정을 거쳐 결혼을 한 커플도 대부분 누구 하나의 잘못이라고 하기 어려운 문제로 다투고, 갈등하고 헤어지기도 합니다. 결혼도 이런데 실적이라는 목표 이외의 공감대가 전혀 없는 사람들이 모여서 무조건 맞춰 가면서 일을 해야 하는 회사라는 곳에서는 아무리 좋은 사람들만 있어도 갈등을 피하기는 어렵습니다. 이 정도 갈등은 사실 참아 줄 만도 합니다.

실적 보너스나 승진 등에 대한 경쟁이 엮여서 아주 치열하게 갈등하는 경우도 있지만, 좋은 사람끼리의 갈등은 대체로 업무의 진행 방식이나 전망에 대한 갈등이어서 당사자에게 마음의 생채기를 크게 내지는 않습니다.

하지만 우리가 사는 사회에 좋은 사람만 있는 것도 아니고, 특히나 승진과 보너스, 상사의 인정 등을 놓고 조직원들 간에 경쟁해야 하는 회사에선 더욱 이상한 사람이 많이 모여들게 됩니다. 그중 정도가 심한 사람도 있기 마련입니다.

우리는 '사무실에 악당, 즉 빌런이 있다'라고 주변에 이야기하곤 합니다. 이런 말로 문제가 해결되면 좋겠지만, 그렇게 간단히 해결되면 환자가 아닌 상사나 동료에게 '빌런' 심지어 '사이코'라고까지 별칭을 붙이지 않겠죠.

치료를 받아야 할 수준은 분명 아닌 것 같고, 그렇다고 범죄라고 하기에는 법을 위반한 것은 아니니, 그렇지만 함께 일하는 동료 직원들에게 참을 수 없는 고통을 야기하는 사람들.

우리는 앞에서 이런 '오피스 빌런'들이 어떤 행태를 보여 주며, 또한 그에 적절한 대응책이 무엇일지 살펴보았습니다. 아쉽게도 저희가 적은 대응책이라고 제시한 것들도 아주 완벽한 솔루션이라고 할 수는 없습니다. 물론 이 책에 있는 대응 방법은 여러 각도로 충분히 검토되고 확인된 솔루션들이지만, 회사마다 상황이 다르고, 한 명의 문제적 인물이 여러 문제를 동시에 가지고 있는 경우도 흔하고, 오피스 빌런이 여러 명인 경우도 있으며, 내가 냉정하고 정확한 방법을 실행할 수 없는 마음 상태일 가능성도 있습니다. 때문에 문제의 인물을 분류하고 각 유형마다 다른 대응법을 생각하는 게 오히려 혼란스러울 것 같다는 우려도 있습니다.

그래서 책을 마무리하면서 어느 상황에서든 보편적으로 통용될 수 있는 내 마음에 상처를 덜 받는 방법에 대해 적으며 정리하려고 합니다.

사람과 사람의 관계이니 만큼 최선의 조언일 수는 없겠지만, 문제적 인물들 때문에 마냥 마음 고생을 하는 것보다는 조금이라도 도움이 됐으면 좋겠습니다.

갈등이 생기면 5분 정도의 심리적 거리를 두세요

사람과의 갈등이 크게 생기거나, 갑작스러운 봉변에 가까운 일을 문제적 인물로부터 당했을 경우, 흥분하거나 과하게 감정적이 되기 쉽습니다. 그때 감정에 휩쓸리면 해결될 일도 해결이 안 되고, 오히려 문제가 더 꼬이는 경우가 대부분입니다.

성격에 큰 문제가 있는 사람들은 본능적으로 사람의 감정적 약점을 잘 파고 듭니다. 때문에 공격을 받았을 때 마음의 평정을 유지하는 게 정말 어렵습니다. 그렇다고 감정적으로 맞서면 그 문제적 인물과 내가 동일한 급의 인물이 되어 버립니다. 문제 해결도 못하고, 주변의 평판도 나빠지고, 무엇보다 조금 시간이 지난 후 나 스스로 자괴감을 느끼게 됩니다. '내가 뭐하러 그렇게 흥분했지'라면서 말이죠.

때문에 문제가 생기면 그 문제와 심리적 거리를 두는 게 필요합니다. 얼마나 둬야 할지 모르겠다면, 일단 5분만 마음이 진정할 시간을 스스로에게 주세요. 그리고 난 뒤에 상황 분석이나 대안 마련을 하나씩 해 나가면 됩니다. 5분도 너무 긴 것 같으면 1분만이라도 숨을 천천히 내쉬고, 숫자를 머릿속으로 세면서 마음을 가라앉히세요. 그 짧은 시간이 나의 회사 생활을 악몽에서 벗어나게 해 줍니다.

내 감정의 주인은 나여야 합니다

　문제적 인물로부터 너무나 황당한 일을 당하거나 기분 나쁜 일을 당하면 그 사람이 의도했던 그 감정이 내 마음속에 생깁니다. 당황과 분노가 그것들입니다. 강렬한 감정들이다 보니 순간적으로 이 감정에 온 정신을 빼앗겨 버리기 쉽습니다. 이런 상황이 되면 내 감정은 내가 주인이 아니라 그 문제적 인물들입니다. 내가 의도한 당황이나 분노가 아니라 그 사람들의 태도가 내 감정을 결정해 버렸으니까요.

　사람이 외부의 상황이나 타인과 무관하게 자기 마음의 평정심을 항상 유지할 수 있다면 득도한 사람이겠지만, 감정이 아주 격렬하게 생기고 이를 외부에 표출하거나, 반대로 나 스스로를 공격하는 행태는 보통 사람도 어느 정도는 제어할 수 있습니다. 이렇게 해야 문제적 인물의 공격에서 내 마음이 덜 상처 입고 빠져나올 수 있습니다. 타인의 부당한 공격에 대응하는 것도 중요하지만, 그것보다 우선 내 마음을 챙기는 게 가장 중요하고, 그렇게 하려면 타인이 만든 감정이 나를 지배하지 않도록 신경 쓰는 게 최우선입니다.

긍정적 커리어 스토리가 되도록 재해석을 해 보세요

　오피스 빌런들과 싸움에서 이기면 좋겠지만, 잘 안 되는 경우가 많습니다. 이럴 땐 어쩔 수 없이 이직을 선택해야 할 때도 있습니다. 그 사람들 때문에 힘들었고, 감정의 응어리가 해소되지 않은 채 이직해야 할 때 우리가 하는 실수가 하나 있습니다. 그것 하나 혹은 그 사람 하나 때문에 그 회사에서 일했던 내 소중한 시간과 에너지 전체를 부정하는 게 바로 그 실수입니다. 끝이 좋지 않았는데 긍정적으로 해석하기 쉽지 않고, 특히 큰 파국이었을 땐 내 경력에서 그 회사는 빼 버리고 싶다는 생각도 하게 됩니다. 그건 그 오피스 빌런의 손아귀에 놀아나는 꼴이 됩니다.

　감정적인 충돌이 있었다 해도 업무적으로 보면 무언가 배운 것이 있을 것이고, 시도해 본 일이 있을 것이고, 새롭게 알게 된 것이 있을 겁니다. 혹은 오피스 빌런에 맞서 함께 싸워 준 동료들이 있을 수도 있습니다. 마무리가 부정적일수록 최대한 긍정적으로 재해석을 해보세요. 없던 일을 만들거나 소설을 쓰라는 것이 아니라, 그 힘든 상황에서조차 내가 배우고, 성장하고, 이뤄 본 것이 있다는 기억이 중요합니다. 이 기억은 다시 어려움이 닥쳤을 때 나를 버티게 해 주고, 한 걸음 더 나가게 해 줍니다.

'그 인간 때문에 모두 망쳤어'라며 나의 소중한 시간을 부정하는 것보다는 '좀 짜증 나는 인간이 있긴 했어도 그 기간에 얻어간 게 있었네'라는 기억을 가지는 게 커리어를 걸어가는 데 조금은 더 편한 자세가 아닐까 싶습니다.

　이상의 글을 읽으면서 사람을 이렇게 함부로 재단하고, 판단하는 것은 그 사람의 의도나 마음속의 생각, 혹은 원래의 자아를 들여다보지 않고 판단하는 것이기에 성급하고 어설픈 분석이기에 불편한 사람도 있을 것입니다.

　저희도 이런 식으로 사람을 부정적으로 성급하게 판단하거나 유형화하는 것이 최적의 방법이라고는 생각하지 않습니다. 충분히 알아보고 그 사람 자체로 파악하고 이해하려고 노력하는 게 당연히 더 좋은 접근입니다.

　다만, 회사에서 만나는 사람들과의 인간관계에는 중간에 실적과 조직 목표라는 아주 심각한 방해물이 껴 있고, 때문에 오랜 시간에 걸쳐 차분히 사람을 지켜보고 결론을 내리는 것이 매우 어렵고, 적절한 방법이 아닐 때도 많습니다. 그리고 수많은 관계와 업무 속에서 사람을 제대로 이해하려고 에너지를 소진하다 보면 오히려 적당한 거리를 두고 냉정하게 판단하는 것보다 더 부정적인 결과를 만드는 경우도 있습니다.

때문에 이 책에서의 설명은 문제를 일으키는 인물들의 의도나 마음속 생각이 아닌 드러난 '행동'과 표면적인 '태도'를 놓고 판단을 하고, 적절한 대응책을 생각해 보려 한 것입니다.

나를 힘들게 하는 사람이 어떤 사람인지에 대한 판단보다 그 사람의 행동이나 태도 중 나를 힘들게 하는 그 행동과 그 태도만을 찾아서 대응을 하는 것이 사람 자체를 미워하고 싫어하거나, 혹은 이해하려고 긴 시간을 지켜봐야 하는 것보다 슬기로운 대처 방법이라고 생각하기 때문입니다.

저희의 이런 생각이 복잡한 업무 상황과 공격적인 사람에게 상처받는 나를 지키는 데 작은 도움이 되면 좋겠습니다.

주석

1 news.v.daum.net/v/20190730112538026

2 news.v.daum.net/v/20190724050238312

3 adaa.org/about-adaa/press-room/facts-statistics

4 www.psychologytoday.com/us/blog/the-superhuman-mind/201611/5-signs-youre-dealing-passive-aggressive-person

5 McLeod, S. A. (2012). Attribution theory. Retrieved from www.simplypsychology.org/attribution-theory.html

6 《신뢰의 법칙》, 데이비드 데스테노, 웅진지식하우스, 2018.

7 "Playing favorites" www.wsj.com/articles/SB10001424053111904009304576532352522029520

8 《The Set up to fail syndrome》, Jean Francois Manzoni, Jean Louis Barsoux , March-April edition, Harvard Business Review, 1998. hbr.org/1998/03/the-set-up-to-fail-syndrome

9 www.businessinsider.com/ben-franklin-effect-2016-12

10 Mentalization Based Treatment, Jon G. Allen, Peter Fonagy, John Wiley & Sons, Ltd, 2006.

11 www.psychologytoday.com/us/blog/the-workaholics/201112/understanding-the-dynamics-workaholism

12 Why People Gossip: An Empirical Analysis of Social Motives, Antecedents, and Consequences, Bianca Beersma, Gerben A. Van Kleef, November 2012, Journal of Applied Social Psychology

13 www.ncbi.nlm.nih.gov/pmc/articles/PMC2865077/

14 www.ncbi.nlm.nih.gov/pmc/articles/PMC5519304/

15 Alicke, M., Braun, J., Glor, J., Klotz, M., Magee, J., Sederholm, H. & Siegel, R. (1992). Complaining behavior in social interaction. Personality and Social Psychology Bulletin, 18, 286~295.

Kowalski, R. M. (1996). Complaints and complaining: Functions, antecedents, and consequences. Psychological Bulletin, 119(2), 179~196.

Kowalski, R. M., Allison, B., Giumetti, G.W., Turner, J., Whittaker, E., Frazee, L. & Stephens, J. (2014). Pet Peeves and Happiness: How Do Happy People Complain? Journal of Social Psychology, 154.

Wojciszke, B., Baryla, W., Szymkow-Sudziarska, A., Parzuchowski, M. & Kowalczyk, K. (2009). Saying is experiencing: Affective consequences of complaining and affirming. Polish Psychology Bulletin, 40, 74~84.